La Révolution de l'Intelligence Artificielle (IA)

IKE BAZ

DÉDICACE

À ceux qui osent rêver et explorer les frontières de
l'inconnu, aux pionniers qui ont tracé la voie de la
technologie et à la prochaine génération d'innovateurs qui
façonneront l'avenir. Que la curiosité et la passion de la
découverte soient toujours notre boussole dans le voyage à
travers l'immense univers de l'Intelligence Artificielle.

DÉDICACE

À ceux qui osent rêver et explorer les frontières de l'inconnu, aux pionniers qui ont tracé la voie de la technologie et à la prochaine génération d'innovateurs qui façonneront l'avenir. Que la curiosité et la passion de la découverte soient toujours notre boussole dans le voyage à travers l'immense univers de l'Intelligence Artificielle.

SOMMAIRE

REMERCIEMENTS

J'aimerais exprimer ma profonde gratitude à tous ceux qui ont rendu ce livre possible. Aux mentors et aux collègues qui ont partagé leur sagesse, aux amis et à la famille qui ont apporté un soutien inconditionnel à chaque étape, et surtout aux lecteurs, dont la curiosité et le désir d'apprendre sont la véritable inspiration de ces pages. Que ce travail puisse éclairer, inspirer et enrichir votre voyage dans le monde fascinant de l'Intelligence Artificielle.

IKE BAZ

INTRODUCTION

Dans un monde de plus en plus interconnecté, l'avènement du numérique est devenu un phénomène indéniable. La manière dont nous communiquons, travaillons et vivons a été révolutionnée par des avancées technologiques qui, il y a quelques décennies, semblaient appartenir exclusivement au domaine de la science-fiction. Dans ce livre, nous explorerons le cœur battant de cette révolution : l'Intelligence Artificielle (IA).

L'Avènement du Monde Numérique

L'avènement de l'ère numérique a apporté une transformation sans précédent. Avec la popularisation d'Internet et des appareils mobiles, les barrières géographiques et temporelles ont été dissoutes, créant un monde où l'information circule librement et instantanément. La capacité de traiter, stocker et transmettre de grandes quantités de données a permis la création de réseaux sociaux, de plateformes de streaming, de commerce électronique et de nombreux autres services qui ont façonné la société moderne. Cependant, la véritable magie réside non seulement dans la capacité à transmettre des informations, mais dans la capacité à les interpréter, à apprendre d'elles et enfin à agir en conséquence. C'est là qu'intervient l'Intelligence Artificielle.

Brève Histoire de l'Intelligence Artificielle

L'idée de machines pensantes remonte à l'Antiquité, avec des mythes et des légendes d'automates et d'artefacts magiques. Cependant, ce n'est qu'au XXe siècle que l'IA a commencé à prendre forme concrète, avec le développement des premiers ordinateurs et algorithmes. Alan Turing, souvent considéré comme le père de l'informatique moderne, a été l'un des premiers à se demander si les machines pouvaient penser. Depuis lors, l'IA a connu plusieurs phases, de l'optimisme initial des années 60, en passant par les "ères glaciaires" marquées par des déceptions et des coupes de financement, jusqu'à l'explosion récente des avancées grâce à l'apprentissage profond et à l'accès à de grandes quantités de données.

Le parcours de l'Intelligence Artificielle est marqué par des défis, des innovations et des découvertes qui ont repoussé les frontières de ce que nous croyions possible. Dans ce livre, nous vous invitons à vous joindre à nous dans ce voyage, en explorant non seulement la technique et la science derrière l'IA, mais aussi ses impacts, ses défis et le futur prometteur qui nous attend.

1 FONDEMENTS DE L'INTELLIGENCE ARTIFICIELLE

L'Intelligence Artificielle (IA) est devenue l'un des mots-clés les plus saillants du XXIe siècle, imprégnant divers domaines de la société, de la médecine au divertissement, de l'éducation au commerce. Mais qu'est-ce que l'Intelligence Artificielle réellement ? Et comment fonctionne-t-elle dans son essence ? En plongeant dans ce chapitre, nous espérons démystifier les mystères derrière cette technologie révolutionnaire et poser des bases solides pour comprendre ses mécanismes complexes.

Fondamentalement, l'IA cherche à reproduire ou à simuler des aspects de l'intelligence humaine dans les machines. Cela va au-delà de la simple exécution de tâches : il s'agit de la capacité à apprendre, à raisonner et même, dans certains cas, à démontrer une perception similaire à celle des humains. Mais pour vraiment apprécier la profondeur et l'étendue de l'IA, il est crucial de comprendre ses fondements.

Historiquement, l'idée de créer des machines capables de penser et d'agir comme des êtres humains a été une aspiration pour les scientifiques, les philosophes et les écrivains. Depuis les anciens mythes d'automates jusqu'aux premiers dispositifs de calcul, le désir de créer un "esprit artificiel" a été constant. Cependant, c'est au XXe siècle, avec l'avènement des ordinateurs modernes, que l'IA commence à prendre une forme concrète.

Les premiers pas dans le voyage de l'IA ont impliqué la création d'algorithmes capables d'accomplir des tâches spécifiques, dépassant souvent la capacité humaine en termes de vitesse et de précision. Cependant, la véritable révolution est venue avec le développement de l'apprentissage automatique, une sous-catégorie de l'IA qui permet aux machines d'apprendre à partir de données, améliorant ainsi leurs performances au fil du temps.

Mais comment les machines "apprennent-elles" ? Et que signifie réellement lorsqu'on dit qu'un algorithme est "intelligent" ? Ce sont des questions centrales que nous aborderons dans ce chapitre. De plus, nous explorerons les différents types d'apprentissage automatique, les concepts de réseaux neuronaux et l'importance des données dans le monde de l'IA.

À la fin de ce chapitre, le lecteur aura une compréhension claire des piliers qui soutiennent l'Intelligence Artificielle et sera prêt à approfondir les nombreuses applications et implications de cette technologie dans notre monde.

Qu'est-ce que l'Intelligence Artificielle ?

L'Intelligence Artificielle, souvent abrégée en IA, a

captivé l'imagination et l'intérêt des chercheurs, des scientifiques et des passionnés de technologie depuis des décennies. Fondamentalement, l'IA fait référence à la capacité des machines et des systèmes informatiques à effectuer des tâches qui nécessitent traditionnellement l'intelligence humaine.

Pour beaucoup, la première image qui vient à l'esprit lorsqu'ils pensent à l'IA est celle de robots humanoïdes ou de superordinateurs prenant le contrôle du monde. Cependant, la réalité de l'IA est beaucoup plus nuancée et intégrée à notre quotidien que ces représentations cinématographiques. Des assistants virtuels sur les smartphones aux systèmes de recommandation sur les plateformes de streaming, l'IA est profondément ancrée dans bon nombre des technologies que nous utilisons au quotidien.

Mais qu'est-ce qui permet réellement à une machine de "penser" ou de "décider" ? Au cœur de l'IA se trouve la capacité de traiter des informations, d'apprendre à partir d'elles et, sur la base de cet apprentissage, de prendre des décisions ou d'effectuer des actions. Au lieu d'être explicitement programmées pour effectuer une tâche, les machines dotées d'IA sont formées à l'aide de vastes ensembles de données et d'algorithmes qui leur permettent d'apprendre comment effectuer cette tâche.

Cela ne signifie pas que l'IA peut "penser" ou "ressentir" comme les humains. Au lieu de cela, elle fonctionne en reconnaissant des modèles, en analysant des données et en utilisant cette analyse pour produire une sortie. Par exemple, un système d'IA formé pour reconnaître des images de chats examinera les pixels d'une image et, en fonction de sa formation antérieure, déterminera si l'image contient un chat ou non.

L'un des principaux moteurs des progrès récents en matière d'IA est le développement et la popularisation de l'apprentissage automatique, en particulier d'une sous-catégorie appelée apprentissage profond. En utilisant des réseaux neuronaux artificiels, l'apprentissage profond permet aux machines de traiter et d'interpréter de grandes quantités de données avec une précision qui était inimaginable il y a seulement quelques décennies.

Cependant, l'IA n'est pas une invention moderne. Le concept de machines intelligentes remonte à l'Antiquité. Cependant, c'est au XXe siècle, avec le développement de la théorie de l'informatique et des premiers ordinateurs, que l'IA a commencé à passer d'un rêve à une réalité.

Alan Turing, un pionnier de l'informatique, s'est un jour demandé : "Les machines peuvent-elles penser ?" Cette question provocatrice a jeté les bases du domaine de l'IA. Bien que nous n'ayons pas encore de machines capables de "penser" de la même manière que les êtres humains, l'IA d'aujourd'hui peut simuler certains aspects de la pensée humaine, tels que la reconnaissance de motifs, le raisonnement logique et même la créativité dans certains cas.

Le potentiel de l'IA est vaste et encore largement incompris. À mesure que la technologie progresse, il est probable que nous verrons l'IA intégrée dans presque tous les aspects de notre vie, de la conduite autonome aux diagnostics médicaux avancés.

Cependant, avec ces possibilités viennent également des responsabilités. L'éthique de l'IA, les préjugés éventuellement intégrés dans les systèmes et l'impact de l'IA sur le marché du travail sont des questions que la société devra affronter.

En résumé, l'Intelligence Artificielle représente l'une des frontières les plus excitantes de la technologie moderne. Bien que nous en soyons encore aux premiers stades de la compréhension de tout son potentiel et de ses implications, une chose est certaine : l'IA a le pouvoir de transformer notre monde de manière que nous commençons tout juste à imaginer.

Apprentissage de Machine et Réseaux Neuronaux

Dans l'univers de l'Intelligence Artificielle, l'Apprentissage de Machine (Machine Learning en anglais) est une sous-catégorie qui a gagné en notoriété et en pertinence au fil du temps. Il s'agit du processus par lequel les systèmes sont capables d'apprendre à partir de données, en améliorant leurs performances sans être explicitement programmés pour une telle tâche. L'idée centrale est qu'en étant exposés à davantage de données, ces systèmes ajustent et affinent leurs algorithmes pour produire des résultats plus précis.

Lorsque l'on parle d'Apprentissage de Machine, on se réfère souvent à la capacité de la machine à reconnaître des modèles. Pensez à un programme informatique capable de distinguer entre des images de chats et de chiens. Au lieu de programmer manuellement toutes les caractéristiques possibles des deux animaux, nous alimentons le système avec des milliers d'images, lui permettant d'identifier les caractéristiques distinctives par lui-même.

Mais comment, exactement, une machine "apprend" ? C'est là qu'interviennent les Réseaux Neuronaux. Inspirés par la structure du cerveau humain, les Réseaux Neuronaux

Artificiels sont des ensembles interconnectés de nœuds, similaires aux neurones du cerveau humain. Ces réseaux sont organisés en couches : une couche d'entrée, plusieurs couches cachées et une couche de sortie. Chaque nœud, ou neurone artificiel, traite l'information qu'il reçoit et la transmet au suivant, et ainsi de suite.

Le processus d'apprentissage dans un Réseau Neuronal implique l'ajustement des poids des connexions en fonction des données d'entrée et de l'erreur de sortie produite. Cela se fait par un processus itératif, où le réseau est exposé à plusieurs reprises aux données, apportant des ajustements incrémentiels pour minimiser l'erreur dans ses prédictions.

Dans le contexte des Réseaux Neuronaux, nous avons une catégorie spéciale appelée Apprentissage Profond ou Deep Learning. Ce sont des réseaux avec de nombreuses couches cachées, ce qui leur permet de modéliser et de traiter des informations avec une complexité sans précédent. Le Deep Learning a été à l'origine de nombreuses avancées récentes en IA, notamment dans des tâches telles que la reconnaissance d'images et le traitement du langage naturel.

Il est fascinant de penser qu'en essayant d'enseigner aux machines à "penser", les chercheurs se sont tournés vers la structure même du cerveau humain comme source d'inspiration. Bien que les Réseaux Neuronaux Artificiels soient des simplifications du cerveau humain, ils capturent l'idée fondamentale selon laquelle l'intelligence émerge de l'interaction de nombreuses unités simples traitant l'information.

Cependant, malgré leur puissance et leur potentiel, l'Apprentissage de Machine et les Réseaux Neuronaux ne sont pas exempts de défis. L'un des principaux défis est le

La robotique grand public gagne également en popularité. Des aspirateurs robots aux assistants domestiques interactifs, la robotique devient une partie intégrante de la vie quotidienne. Ces dispositifs, souvent alimentés par l'Intelligence Artificielle, offrent commodité et fonctionnalité, redéfinissant l'interaction entre l'homme et la machine.

Cependant, l'essor de la robotique et de l'automatisation ne va pas sans défis. Il y a des préoccupations légitimes concernant la perte d'emplois et l'impact socio-économique de l'automatisation à grande échelle. Alors que les robots peuvent accroître l'efficacité, ils posent également des questions sur l'avenir du travail et la nature de l'emploi humain.

De plus, des questions éthiques et morales se posent, surtout à mesure que les robots deviennent plus autonomes. Qui est responsable si un robot commet une erreur ? Comment garantir que les robots se comportent de manière sûre et éthique ? Ce sont des questions cruciales qui exigent une réflexion soigneuse.

En résumé, la robotique et l'automatisation représentent une frontière passionnante de l'innovation et de la possibilité. La capacité de créer des machines capables d'agir de manière autonome et d'accomplir des tâches complexes a le potentiel de transformer la société de manière fondamentale. Cependant, comme pour toute révolution technologique, il est essentiel d'aborder les défis avec un regard critique et une réflexion soigneuse sur les implications plus larges.

Arts et Design Créatif

La convergence de l'Intelligence Artificielle (IA) avec les arts et le design créatif représente l'une des intersections les plus fascinantes de la technologie moderne avec l'expression humaine. Cette fusion redéfinit les limites de la création, offrant de nouveaux outils et perspectives qui élargissent ce que les artistes et les designers peuvent concevoir et réaliser.

Historiquement, l'art a toujours été considéré comme une manifestation de l'esprit humain, une expression de nos émotions, de nos pensées et de nos désirs les plus profonds. Cependant, avec l'introduction de l'IA, nous commençons à voir une collaboration unique entre les machines et les créateurs humains, où les algorithmes deviennent coauteurs du processus créatif.

Dans le domaine de la musique, par exemple, l'IA est explorée pour aider à la composition. Des programmes basés sur l'IA sont capables d'analyser les styles musicaux, d'apprendre leurs nuances et de générer des compositions qui reflètent certains genres ou sentiments. Ces outils visent non pas à remplacer le compositeur humain, mais à étendre sa capacité, en offrant inspiration et nouvelles structures sonores.

De manière similaire, dans les arts visuels, les artistes utilisent l'IA pour créer des peintures et des illustrations. Les algorithmmes sont formés aux styles d'artistes célèbres, leur permettant de créer des œuvres qui rappellent des maîtres tels que Van Gogh ou Da Vinci, mais avec des touches et des interprétations uniques. Ces œuvres, nées de la collaboration entre la machine et l'homme, remettent en question la nature de l'auteur et de l'originalité.

Le design graphique et l'animation connaissent également une révolution grâce à l'IA. Les designers utilisent des algorithmes pour aider à la création de logos, de mises en page et d'animations. L'IA peut générer rapidement plusieurs variantes d'un design, permettant aux créatifs de choisir et de peaufiner l'option qui correspond le mieux à leur vision.

Dans le domaine littéraire, l'IA est expérimentée comme un outil pour écrire de la poésie, des contes et même des scénarios. Alors que la profondeur émotionnelle et la subtilité des écrivains humains restent inégalées, l'IA offre de nouvelles formes de narration, créant des structures et des intrigues qui peuvent être inattendues et fraîches.

Le théâtre et la performance ne sont pas non plus à l'abri de l'influence de l'IA. Des expériences sont en cours où les acteurs collaborent avec des avatars alimentés par l'IA, créant des performances qui mélangent réalité et virtualité, humain et machine.

Cependant, cette fusion de l'IA avec les arts soulève également des questions philosophiques et éthiques. Que signifie qu'une œuvre d'art soit créée avec l'aide d'une machine ? L'auteur et l'originalité sont-ils dilués lorsque des algorithmes interviennent dans le processus créatif ? Et plus profondément encore, que nous disent ces collaborations sur la nature même de la créativité humaine ?

Ces questions, bien qu'elles soient complexes, témoignent de l'incroyable ère d'innovation dans laquelle nous vivons. L'IA, en pénétrant dans le domaine des arts et du design créatif, ne cherche pas à remplacer l'expression humaine, mais à l'élargir, à la défier et à la redéfinir. Nous sommes au début d'un voyage passionnant où les possibilités créatives semblent presque illimitées, et où la collaboration entre les humains et les machines peut donner naissance à des formes d'art et de design que nous n'avions jamais imaginées possibles.

Médias et Journalisme

Le paysage des médias et du journalisme a connu des changements tectoniques au cours des dernières décennies, et l'Intelligence Artificielle (IA) est au cœur de ces transformations. Dans un monde saturé d'informations et de nouvelles, l'IA se révèle être un outil précieux pour filtrer, analyser et présenter du contenu de manière plus efficace et personnalisée.

Une des applications les plus évidentes de l'IA dans le journalisme est l'automatisation des reportages. Des algorithmmes sont utilisés pour générer des actualités sur des sujets spécifiques, tels que les résultats financiers ou les statistiques sportives. En analysant les données et en suivant des modèles pré-définis, ces systèmes peuvent produire des articles presque instantanément, libérant ainsi les journalistes humains pour se concentrer sur des histoires plus complexes et d'investigation.

En plus de la rédaction d'articles, l'IA est utilisée pour aider les journalistes dans la curation de nouvelles. Avec le volume écrasant d'informations disponibles, des systèmes intelligents peuvent analyser et prioriser les nouvelles en fonction de leur pertinence, de leur véracité et de l'intérêt du public. Cela aide non seulement les rédacteurs à rester au courant des événements mondiaux, mais garantit également que les lecteurs reçoivent un contenu plus pertinent et fiable.

La personnalisation du contenu est un autre domaine où l'IA fait des vagues. Les plateformes d'actualités alimentées par des algorithmes deviennent de plus en plus adaptatives, s'ajustant aux intérêts et aux habitudes de consommation d'actualités de chaque utilisateur. Cela crée une expérience plus immersive et pertinente pour le lecteur, tout en augmentant également l'engagement et la rétention.

Dans le monde de la diffusion, l'IA est utilisée pour optimiser la production de vidéos et d'émissions de télévision. De l'édition automatisée à la génération de graphiques en temps réel, les algorithmes rendent la production plus efficace et adaptable aux demandes d'un public en constante évolution.

Les fausses informations, un problème croissant dans le paysage médiatique actuel, sont également combattues avec l'aide de l'IA. Des systèmes sont en cours de développement pour détecter les fausses nouvelles en analysant la véracité des informations, en les comparant à des sources fiables et en identifiant les modèles typiques de désinformation.

Cependant, l'intégration de l'IA dans le journalisme ne se fait pas sans défis. Il y a des préoccupations légitimes concernant l'objectivité et l'éthique de l'utilisation d'algorithmes dans la curation et la production de nouvelles. Alors que l'IA peut aider à filtrer et à personnaliser le contenu, il existe également un risque de créer des chambres d'écho où les lecteurs ne sont exposés qu'à des opinions et des nouvelles qui renforcent leurs propres croyances.

De plus, la question de la responsabilité et de la transparence se pose lorsque les algorithmes sont impliqués dans la création de contenu. En cas d'erreurs ou de biais, qui est responsable ? Et comment garantir que les systèmes d'IA soient transparents et équitables dans leurs opérations ?

En résumé, l'IA redéfinit le paysage des médias et du journalisme, offrant des outils puissants pour améliorer l'efficacité, la personnalisation et la pertinence du contenu. Cependant, il est crucial que ces innovations soient abordées avec une réflexion attentive sur leurs implications éthiques et sociales. Alors que nous progressons dans cette ère numérique, il est impératif que la vérité, l'objectivité et l'intégrité du journalisme soient préservées, même lorsqu'elles sont assistées par des machines.

Énergie et Durabilité

Dans un monde confronté à des défis croissants liés aux changements climatiques et à la dégradation de l'environnement, la question de l'énergie et de la durabilité n'a jamais été aussi cruciale. L'Intelligence Artificielle (IA) émerge comme un outil essentiel pour aborder ces défis, en favorisant des solutions innovantes et efficaces visant un avenir plus vert et durable.

La production et la distribution d'énergie sont au cœur du développement humain, mais elles sont également des sources importantes d'émissions de carbone et de pollution. Grâce à l'IA, nous avons la capacité d'optimiser la génération d'énergie, de la rendre plus efficace et de réduire le gaspillage. Des algorithmes intelligents peuvent prédire la demande énergétique, ajuster la production en temps réel et même identifier les pannes ou les inefficacités dans les réseaux d'énergie.

En plus de l'optimisation, l'IA joue également un rôle crucial dans l'intégration de sources d'énergie renouvelable telles que le solaire et l'éolien dans les systèmes d'énergie existants. Étant donné la nature variable de ces sources, il est essentiel de prédire quand et combien elles peuvent produire. Avec des modèles prédictifs, nous pouvons garantir une utilisation efficace de l'énergie renouvelable, réduisant ainsi la dépendance aux combustibles fossiles.

La gestion des ressources est également un domaine où l'IA montre un potentiel énorme. Des systèmes intelligents peuvent surveiller l'utilisation de l'eau, de l'électricité et d'autres ressources dans les bâtiments et les villes, suggérant des mesures pour réduire la consommation et améliorer l'efficacité. Cette approche proactive peut entraîner des économies significatives et réduire l'impact environnemental de nos activités quotidiennes.

L'agriculture, l'un des plus grands consommateurs de ressources de la planète, bénéficie également de l'application de l'IA. Des capteurs et des algorithmes peuvent surveiller la santé des cultures, optimiser l'utilisation d'engrais et de pesticides, et prédire les rendements. Cela améliore non seulement la productivité agricole, mais réduit également l'impact environnemental de l'agriculture.

Cependant, la durabilité ne concerne pas seulement la gestion des ressources ; elle concerne également la protection des écosystèmes et de la biodiversité. L'IA est utilisée pour surveiller les habitats, suivre les mouvements de la faune et détecter des activités illégales telles que le braconnage ou la déforestation. En fournissant des données en temps réel sur des zones critiques, nous pouvons réagir rapidement aux menaces et protéger les espèces et les habitats en danger.

L'analyse des données est un autre domaine où l'IA fait une différence significative. Nous sommes submergés d'informations sur le climat, la pollution, les tendances de consommation et bien plus encore. Les algorithmmes intelligents peuvent analyser ces données, identifier les tendances et fournir des informations précieuses sur la manière d'améliorer nos pratiques durables.

Cependant, l'adoption de l'IA en matière d'énergie et de durabilité présente également des défis. La mise en œuvre de solutions basées sur l'IA nécessite de l'infrastructure, des investissements et de la formation. De plus, il est essentiel de garantir que les solutions d'IA soient transparentes et éthiques, afin d'éviter d'éventuels biais ou décisions involontaires pouvant avoir des impacts négatifs.

En résumé, l'intersection de l'IA avec l'énergie et la durabilité offre un aperçu d'un avenir plus propre et plus vert. Avec la bonne combinaison de technologie, d'innovation et d'engagement, nous pouvons progresser vers un monde où le progrès et la préservation vont de pair.

Transport et Logistique

La mobilité est l'une des colonnes vertébrales de la civilisation moderne, reliant les personnes, les lieux et les marchés de manière auparavant inimaginable. Cependant, à mesure que les villes grandissent et que le commerce mondial s'étend, les défis du transport et de la logistique deviennent de plus en plus complexes. Dans ce contexte, l'Intelligence Artificielle (IA) émerge comme une solution prometteuse, promettant de transformer ces secteurs de manière révolutionnaire.

Dans le domaine du transport urbain, l'IA joue un rôle crucial dans l'optimisation de la circulation. Les villes congestionnées sont confrontées à des problèmes de mobilité qui peuvent être atténués grâce à l'aide de systèmes intelligents. Ces systèmes analysent les modèles de trafic en temps réel, ajustent les feux de signalisation pour améliorer la circulation et fournissent des itinéraires optimisés aux conducteurs et aux véhicules de transport en commun.

De plus, la révolution des véhicules autonomes est étroitement liée à l'IA. Des voitures, des camions et même des drones capables de fonctionner sans intervention humaine sont en cours de développement avec des algorithmes avancés qui leur permettent de naviguer dans des environnements complexes, de prendre des décisions en fractions de seconde et d'apprendre de leurs expériences.

Dans le secteur de la logistique, l'IA transforme la manière dont les marchandises sont stockées, manipulées et transportées. Par exemple, les centres de distribution utilisent des robots alimentés par l'IA pour sélectionner et emballer des articles avec une efficacité supérieure à celle des capacités humaines. Ces systèmes sont capables de prédire la demande, d'optimiser le stockage des marchandises et même de prédire les pannes d'équipement.

Le transport de marchandises sur de longues distances bénéficie également de l'IA. Les algorithmes peuvent déterminer les itinéraires les plus efficaces pour les camions et les navires, en tenant compte de facteurs tels que les conditions météorologiques, les coûts de carburant et les délais de livraison. Cela permet de réaliser des économies significatives et de réduire l'impact environnemental des opérations logistiques.

La gestion de flottes est un autre domaine où l'IA fait une différence notable. Des systèmes intelligents surveillent la santé et les performances des véhicules, planifient des opérations de maintenance préventive et forment même les conducteurs à une conduite plus efficace, ce qui permet d'économiser du carburant et de réduire les émissions.

Cependant, l'intégration de l'IA dans le transport et la logistique n'est pas sans défis. Les questions de sécurité, en particulier dans le contexte des véhicules autonomes, revêtent une importance capitale. Il est essentiel de garantir que les véhicules et les systèmes fonctionnent de manière sûre et fiable pour gagner la confiance du public et des parties prenantes.

Il existe également des préoccupations socio-économiques. L'automatisation, alimentée par l'IA, peut entraîner des perturbations dans des secteurs tels que le transport de marchandises et la manipulation de la cargaison. Il est essentiel que la transition vers des systèmes plus automatisés soit gérée de manière à protéger et à requalifier les travailleurs touchés.

En résumé, l'IA redéfinit le transport et la logistique, offrant des solutions innovantes qui promettent de rendre la mobilité plus efficace, durable et sûre. Alors que nous progressons dans ce nouveau territoire, il est impératif d'aborder les défis avec soin et vision, en veillant à ce que les innovations profitent à la société dans son ensemble.

Agriculture

L'agriculture, l'une des activités les plus anciennes de l'humanité, subit une transformation profonde avec l'introduction de l'Intelligence Artificielle (IA). Dans un monde où la demande alimentaire augmente constamment et où les ressources sont limitées, l'application de technologies avancées dans le domaine agricole devient non seulement bénéfique, mais essentielle.

L'IA permet une approche plus précise et informée de

l'agriculture, souvent appelée "agriculture de précision". En utilisant une combinaison de capteurs, de drones et d'algorithmes avancés, les agriculteurs peuvent désormais surveiller leurs cultures en détail. Cela permet d'identifier les zones de stress hydrique, les infestations de ravageurs ou les maladies à un stade précoce, garantissant une réponse rapide et ciblée.

L'irrigation, l'un des aspects les plus critiques de l'agriculture, est également optimisée grâce à l'IA. Au lieu d'irriguer uniformément les champs, des systèmes intelligents peuvent maintenant déterminer quelles zones spécifiques du champ ont besoin d'eau et en quelle quantité. Cela permet non seulement d'économiser de l'eau - une ressource de plus en plus rare - mais garantit également que les cultures reçoivent les soins précis dont elles ont besoin.

La sélection des semences et la détermination des motifs de plantation sont également en train d'être révolutionnées. Les algorithmes peuvent analyser les données historiques, les conditions du sol et les prévisions météorologiques pour recommander les meilleures variétés de cultures à planter et les motifs de plantation les plus efficaces pour maximiser les rendements.

En plus de la production de cultures, l'IA est utilisée pour améliorer l'élevage. Des systèmes intelligents surveillent le comportement, la santé et le bien-être des animaux, détectant précocement les signes de maladie ou de stress. Cela améliore non seulement l'efficacité de l'élevage, mais garantit également des pratiques plus humaines en matière d'élevage.

L'automatisation, alimentée par l'IA, devient de plus en plus courante dans les exploitations agricoles modernes. Les tracteurs autonomes, les robots moissonneurs et les systèmes de traite automatisés réduisent la nécessité de travail manuel, permettant aux agriculteurs de se concentrer sur des aspects plus stratégiques de la gestion agricole.

L'IA joue également un rôle crucial dans la gestion après récolte. En surveillant les conditions de stockage et en prédisant des facteurs tels que la détérioration ou l'infestation, les systèmes intelligents veillent à ce que les aliments soient stockés de manière optimale, réduisant le gaspillage et maximisant l'efficacité.

Cependant, l'adoption de l'IA dans l'agriculture n'est pas exempte de défis. La mise en œuvre de technologies avancées nécessite des investissements, une formation et une infrastructure, ce qui peut être particulièrement difficile pour les petits agriculteurs ou les régions moins développées.

Il y a aussi des préoccupations concernant la dépendance excessive à la technologie et la possible perte de connaissances agricoles traditionnelles. Il est essentiel que l'intégration de l'IA se fasse de manière à compléter, et non à remplacer, les connaissances et l'expérience des agriculteurs.

En résumé, l'IA ouvre la voie à une révolution agricole, promettant une plus grande efficacité, durabilité et productivité. Alors que nous explorons ce nouveau domaine, il est essentiel de trouver un équilibre entre l'innovation technologique et le respect et la valorisation des traditions et pratiques agricoles qui ont soutenu l'humanité pendant des millénaires.

Divertissement

L'industrie du divertissement, qui englobe le cinéma, la musique, la télévision et les jeux, entre autres, connaît une révolution silencieuse avec l'intégration de l'Intelligence Artificielle (IA). L'IA transforme la manière dont le contenu est créé, distribué et consommé, redéfinissant l'expérience de divertissement pour des millions de personnes dans le monde.

Dans le domaine du cinéma, l'IA est utilisée pour optimiser la production et la post-production. Des algorithmes avancés aident à la colorisation des films, au montage et même à la création d'effets visuels complexes. Ces systèmes peuvent analyser les scènes et ajuster l'éclairage, les ombres et les textures presque instantanément, réduisant considérablement le temps et le coût de ces processus.

En plus de la production, l'IA influence également le processus créatif. Les scénaristes utilisent des outils basés sur l'IA pour générer des idées, développer des personnages et même esquisser des scènes. Bien que ces algorithmes ne remplacent pas la créativité humaine, ils agissent comme des collaborateurs, offrant des idées et des perspectives qui n'auraient peut-être pas été envisagées auparavant.

La musique connaît également une transformation grâce à l'IA. Les compositeurs et les producteurs utilisent des systèmes intelligents pour créer des mélodies, des harmonies et même des paroles. Ces outils peuvent analyser les genres musicaux, identifier les tendances et générer des compositions qui correspondent aux préférences du public contemporain.

La personnalisation est un autre domaine où l'IA laisse sa marque dans le divertissement. Les plateformes de streaming, telles que Netflix et Spotify, utilisent des algorithmes pour analyser les habitudes de consommation des utilisateurs et recommander du contenu qui correspond à leurs goûts. Cela améliore non seulement l'expérience de l'utilisateur, mais augmente également l'engagement et la rétention.

Dans le domaine des jeux, l'IA élève l'expérience de jeu à de nouveaux sommets. Les personnages contrôlés par l'IA peuvent s'adapter au style de jeu de l'utilisateur, offrant des défis personnalisés. De plus, les concepteurs de jeux utilisent l'IA pour créer des mondes virtuels plus riches et plus immersifs, avec des écosystèmes qui réagissent et évoluent en fonction des actions du joueur.

Le divertissement en direct, comme les spectacles et le théâtre, bénéficie également de l'IA. Des systèmes intelligents sont utilisés pour optimiser l'acoustique dans les lieux, créer des effets visuels en temps réel et même interagir avec le public, créant une expérience plus immersive et personnalisée.

Cependant, l'essor de l'IA dans le divertissement suscite également des inquiétudes. Il y a des craintes que l'automatisation puisse conduire à l'uniformisation du contenu, les algorithmes favorisant ce qui est populaire au détriment de l'innovation. De plus, la personnalisation croissante, bien qu'elle soit bénéfique, présente le risque de créer des chambres d'écho culturelles, où les individus ne sont exposés qu'à des contenus qui renforcent leurs propres préférences et croyances.

En résumé, l'IA redéfinit le divertissement, offrant de nouvelles possibilités et outils aux créateurs et aux consommateurs. Alors que nous naviguons dans cette nouvelle ère, il est essentiel de trouver un équilibre entre les avantages de la technologie et la préservation de la diversité, de l'innovation et de l'expression humaine qui sont au cœur du divertissement.

Tout au long de ce chapitre, nous avons exploré diverses applications pratiques de l'Intelligence Artificielle dans des secteurs tels que l'agriculture, les transports et bien d'autres. Cependant, il est important de souligner que ce ne sont que la pointe de l'iceberg. L'IA a le potentiel de révolutionner presque tous les aspects de notre vie quotidienne, de l'optimisation des réseaux électriques à l'amélioration de la cybersécurité, en passant par la personnalisation des expériences éducatives et l'amélioration des techniques de recherche scientifique. À mesure que la technologie progresse, nous assisterons certainement à une expansion encore plus grande de la portée et de la profondeur des applications de l'IA, ouvrant la porte à des innovations inimaginables.

3 DÉFIS ÉTHIQUES ET SOCIAUX

L'essor de l'Intelligence Artificielle (IA) représente l'une des plus grandes révolutions technologiques de notre ère. Alors que ses applications pratiques promettent des innovations sans précédent dans divers secteurs, de la santé au divertissement, l'IA soulève également une série de questions profondes et souvent déconcertantes. Ces questions, nombre d'entre elles se situant à l'intersection de la technologie, de l'éthique et de la société, sont cruciales pour notre compréhension et l'intégration responsable de l'IA dans notre vie quotidienne.

Le potentiel de l'IA pour transformer et, dans certains cas, remplacer les fonctions humaines soulève des dilemmes éthiques fondamentaux. Qui est responsable lorsque qu'une voiture autonome provoque un accident ? Comment nous assurons-nous que les systèmes d'IA ne perpétuent pas ou n'amplifient pas les préjugés existants dans nos données et notre société ? Ce ne sont là que quelques-unes des questions qui doivent être abordées à mesure que nous devenons de plus en plus dépendants de ces systèmes.

En plus des défis éthiques, les avancées de l'IA ont également d'importantes implications sociales. L'automatisation, alimentée par l'IA, a le potentiel de déplacer des millions d'emplois, suscitant des inquiétudes quant à l'avenir du travail et à la structure socio-économique de la société. Comment nous préparons-nous à une économie où l'IA joue un rôle dominant ? Comment nous assurons-nous que les avantages de l'IA sont distribués équitablement ?

La transparence et la responsabilité sont d'autres domaines clés de préoccupation. À mesure que des algorithmes complexes prennent des décisions qui affectent notre vie, notre santé, nos finances et bien plus encore, il est impératif que nous comprenions comment ces décisions sont prises. La "boîte noire" de l'IA, où les processus internes des algorithmes sont opaques ou inaccessibles, peut constituer un obstacle majeur à la confiance et à l'adoption publique.

Enfin, alors que nous nous émerveillons des capacités de l'IA, nous devons également considérer la valeur intrinsèque de l'expérience humaine et de l'intuition. Dans des domaines tels que l'art, l'empathie et la créativité, la machine peut-elle vraiment reproduire ou même surpasser l'humanité ? Et si c'est le cas, que cela signifie-t-il pour notre compréhension de ce que signifie être humain ?

Dans ce chapitre, nous plongerons profondément dans ces défis éthiques et sociaux, explorant les nuances et les implications de l'adoption de l'IA dans notre société. L'objectif est non seulement d'identifier les problèmes, mais aussi de rechercher des solutions et des orientations pour un avenir où l'IA et l'humanité coexistent harmonieusement.

Biais et Discrimination dans les Algorithmes

L'essor de l'Intelligence Artificielle (IA) représente l'une des plus grandes révolutions technologiques de notre ère. Alors que ses applications pratiques promettent des innovations sans précédent dans divers secteurs, de la santé au divertissement, l'IA soulève également une série de questions profondes et souvent déconcertantes. Ces questions, nombre d'entre elles se situant à l'intersection de la technologie, de l'éthique et de la société, sont cruciales pour notre compréhension et l'intégration responsable de l'IA dans notre vie quotidienne.

Le potentiel de l'IA pour transformer et, dans certains cas, remplacer les fonctions humaines soulève des dilemmes éthiques fondamentaux. Qui est responsable lorsque qu'une voiture autonome provoque un accident ? Comment nous assurons-nous que les systèmes d'IA ne perpétuent pas ou n'amplifient pas les préjugés existants dans nos données et notre société ? Ce ne sont là que quelques-unes des questions qui doivent être abordées à mesure que nous devenons de plus en plus dépendants de ces systèmes.

En plus des défis éthiques, les avancées de l'IA ont également d'importantes implications sociales. L'automatisation, alimentée par l'IA, a le potentiel de déplacer des millions d'emplois, suscitant des inquiétudes quant à l'avenir du travail et à la structure socio-économique de la société. Comment nous préparons-nous à une économie où l'IA joue un rôle dominant ? Comment nous assurons-nous que les avantages de l'IA sont distribués équitablement ?

La transparence et la responsabilité sont d'autres domaines clés de préoccupation. À mesure que des algorithmes complexes prennent des décisions qui affectent notre vie, notre santé, nos finances et bien plus encore, il est impératif que nous comprenions comment ces décisions sont prises. La "boîte noire" de l'IA, où les processus internes des algorithmes sont opaques ou inaccessibles, peut constituer un obstacle majeur à la confiance et à l'adoption publique.

Enfin, alors que nous nous émerveillons des capacités de l'IA, nous devons également considérer la valeur intrinsèque de l'expérience humaine et de l'intuition. Dans des domaines tels que l'art, l'empathie et la créativité, la machine peut-elle vraiment reproduire ou même surpasser l'humanité ? Et si c'est le cas, que cela signifie-t-il pour notre compréhension de ce que signifie être humain ?

Dans ce chapitre, nous plongerons profondément dans ces défis éthiques et sociaux, explorant les nuances et les implications de l'adoption de l'IA dans notre société. L'objectif est non seulement d'identifier les problèmes, mais aussi de rechercher des solutions et des orientations pour un avenir où l'IA et l'humanité coexistent harmonieusement.

Vie Privée et Sécurité des Données

L'ère numérique a apporté un certain nombre de commodités et d'avancées, mais elle a également soulevé d'importantes préoccupations en matière de vie privée et de sécurité des données. Avec l'Intelligence Artificielle (IA) jouant un rôle de plus en plus important dans nos vies, la gestion responsable des données est plus cruciale que jamais. Après tout, l'IA dépend du traitement de vastes quantités d'informations, dont beaucoup sont personnelles ou sensibles.

Le flux constant d'informations à l'ère d'Internet signifie que des détails sur nos vies, nos préférences, nos comportements et nos interactions sont collectés à une échelle sans précédent. Alors que ces données alimentent les systèmes d'IA qui peuvent améliorer l'efficacité et personnaliser les expériences, elles ouvrent également la porte à d'éventuels abus et vulnérabilités.

L'une des principales préoccupations est l'abus des données personnelles. Sans réglementations et sauvegardes appropriées, les informations collectées à des fins bénignes peuvent être utilisées de manière préjudiciable ou intrusive. Par exemple, des données collectées pour personnaliser les expériences d'achat peuvent, si elles tombent entre de mauvaises mains, être utilisées pour manipuler les comportements ou les décisions des consommateurs.

En outre, à mesure que les systèmes d'IA deviennent de plus en plus intégrés dans des infrastructures critiques, telles que la santé, les finances et la défense, la sécurité des données devient encore plus vitale. Une seule fuite ou violation peut avoir des conséquences dévastatrices, compromettant la vie privée de millions de personnes et mettant en danger des systèmes essentiels.

Une autre question concerne la transparence. De nombreux utilisateurs ne sont pas pleinement conscients de l'étendue de la collecte de données ou de la manière dont leurs informations sont utilisées et traitées. Cela soulève des questions éthiques sur le consentement et l'autonomie. Après tout, si les individus ne comprennent pas ou n'ont pas le contrôle sur la façon dont leurs données sont utilisées, ont-ils vraiment donné leur consentement éclairé ?

La prolifération des appareils connectés, souvent

appelée Internet des objets (IoT), élargit encore le champ de ces préoccupations. Chaque appareil, des montres intelligentes aux réfrigérateurs connectés, devient un potentiel point d'entrée pour les violations de sécurité et la collecte intrusive de données.

Mais tout n'est pas sombre. Il existe une prise de conscience croissante des défis liés à la vie privée et à la sécurité des données, et de nombreuses entreprises et gouvernements prennent des mesures pour les aborder. Les réglementations telles que le Règlement Général sur la Protection des Données (RGPD) de l'Union européenne établissent des normes strictes pour la collecte, le stockage et le traitement des données.

De plus, les chercheurs et les ingénieurs développent de nouvelles technologies pour protéger les données et garantir leur confidentialité. Des techniques telles que l'apprentissage fédéré permettent aux algorithmes d'IA d'être formés sur des données sans jamais y accéder directement, tandis que les technologies de préservation de la vie privée, telles que le calcul sécurisé en plusieurs parties, permettent le traitement des données sans les révéler.

En résumé, la question de la vie privée et de la sécurité des données à l'ère de l'IA est multifacette et complexe. Elle exige un équilibre soigneux entre l'exploitation des avantages de la technologie et la protection des droits et intérêts des individus. En abordant de manière proactive ces défis et en promouvant des pratiques responsables, nous pouvons garantir que l'IA serve l'humanité de manière sûre et éthique.

Le Futur du Travail à l'Ère de l'IA

L'Intelligence Artificielle (IA) façonne rapidement l'avenir du travail, introduisant des innovations qui promettent de transformer des secteurs entiers et la nature de l'emploi telle que nous la connaissons. Avec l'adoption croissante de technologies basées sur l'IA, de nombreuses questions se posent sur l'impact de cette révolution sur le marché du travail et sur le rôle de l'humain dans l'économie future.

L'une des discussions les plus prévalentes concernant l'IA et le travail concerne l'automatisation. À mesure que les algorithmes deviennent plus sophistiqués, la capacité à effectuer des tâches autrefois réservées aux humains s'élargit. De la fabrication au service client, l'IA est mise en œuvre pour optimiser les processus, accroître l'efficacité et réduire les coûts. Cela soulève des préoccupations compréhensibles concernant la perte d'emplois dans des secteurs traditionnels.

Cependant, l'histoire nous montre que l'introduction de nouvelles technologies, bien qu'elle puisse déplacer certains emplois, crée également de nouvelles opportunités. Tout comme la Révolution Industrielle a donné naissance à des professions qui étaient autrefois inimaginables, il est probable que l'ère de l'IA introduira des carrières et des domaines de spécialisation que nous n'avons pas encore conçus.

Outre la création de nouveaux emplois, l'IA a également le potentiel d'enrichir et d'améliorer les fonctions existantes. Au lieu de remplacer complètement les humains, l'IA peut agir comme un outil collaboratif, prenant en charge les tâches répétitives et permettant aux travailleurs de se concentrer sur des aspects plus créatifs, stratégiques et interpersonnels de leur travail.

Un autre aspect à prendre en compte est la redéfinition des compétences et des compétences valorisées sur le marché du travail. Avec l'avènement de l'IA, des compétences telles que la pensée critique, la résolution de problèmes complexes, l'empathie et l'intelligence émotionnelle peuvent devenir encore plus essentielles. La capacité à travailler aux côtés de la technologie, à s'adapter rapidement aux changements et à apprendre en permanence sera cruciale.

Cependant, la transition vers un marché du travail dominé par l'IA ne sera pas exempte de défis. La reconversion et la formation continue seront essentielles pour permettre aux travailleurs déplacés par l'automatisation de trouver de nouvelles opportunités. Cela nécessite une réévaluation du système éducatif, mettant davantage l'accent sur les compétences transférables, l'apprentissage tout au long de la vie et la formation technique.

Outre les défis individuels, les entreprises et les gouvernements devront également naviguer dans ce nouveau paysage. Les politiques visant à encourager l'innovation, l'investissement dans la recherche et le développement, ainsi que la création d'infrastructures favorisant l'adoption responsable de l'IA seront essentielles.

En résumé, l'avenir du travail à l'ère de l'IA est une toile riche et complexe de défis et d'opportunités. La clé sera d'embrasser le changement, de promouvoir l'adaptabilité et de veiller à ce que, à mesure que la technologie progresse, le bien-être et le potentiel humain restent au cœur des discussions et des décisions.

4 IA ET LA RÉVOLUTION TECHNOLOGIQUE

L'Intelligence Artificielle (IA) est devenue un pilier central de la révolution technologique que nous sommes en train de vivre au XXIe siècle. Cette évolution, qui a commencé comme un simple concept dans l'esprit visionnaire des pionniers de l'informatique, imprègne désormais presque tous les aspects de notre vie quotidienne, depuis nos smartphones jusqu'aux systèmes complexes qui gèrent des villes entières. Mais qu'est-ce qui rend l'IA si révolutionnaire et pourquoi est-elle devenue si intrinsèquement liée au tissu de l'innovation technologique moderne ?

Tout au long de l'histoire, l'humanité a connu plusieurs révolutions qui ont redéfini les civilisations, de la révolution agricole à la révolution industrielle. Chacune de ces transformations a apporté un changement radical dans la manière dont nous vivons, travaillons et interagissons les uns avec les autres. Maintenant, à l'aube de la révolution technologique, l'IA émerge comme le catalyseur qui façonne notre avenir.

La capacité de l'IA à traiter les informations, à apprendre et à s'adapter de manière similaire à l'intelligence humaine est ce qui la distingue des autres technologies. Cela permet aux machines non seulement d'exécuter des tâches, mais aussi de prendre des décisions, de prédire des tendances et même de comprendre les émotions humaines. Ce niveau de sophistication transforme les industries, crée de nouvelles opportunités et remet en question les concepts traditionnels de ce que signifie être humain.

De plus, l'IA n'est pas isolée dans sa révolution. Elle agit comme un multiplicateur de force, renforçant d'autres technologies émergentes telles que l'Internet des objets (IoT), l'informatique quantique et la biotechnologie. Ensemble, ces innovations convergent pour créer un écosystème technologique qui promet de redéfinir nos limites.

Cependant, avec de grandes avancées viennent de grandes responsabilités. La rapidité avec laquelle l'IA évolue soulève également des questions éthiques, sociales et économiques. Comment pouvons-nous nous assurer que cette révolution profite à tous ? Comment équilibrer le progrès et la vie privée, l'innovation et l'intégrité ?

Dans ce chapitre, nous explorerons la trajectoire de l'IA à l'avant-garde de la révolution technologique, plongeant dans ses promesses, son potentiel et les défis auxquels nous sommes confrontés alors que nous avançons vers un avenir de plus en plus façonné par les algorithmes. L'objectif est non seulement de comprendre l'ampleur de cette transformation, mais aussi de réfléchir à notre rôle et à notre responsabilité dans la création d'un avenir inclusif, équitable et véritablement progressiste.

Avancées et Innovations Technologiques Propulsées par l'IA

L'Intelligence Artificielle (IA) est devenue une force motrice derrière de nombreuses avancées et innovations technologiques les plus significatives de notre époque. Sa capacité à apprendre, à s'adapter et à optimiser les processus a favorisé des changements dans divers domaines, repoussant les limites de ce qui est possible et redéfinissant le paysage technologique.

L'un des domaines les plus évidents de cette transformation est la médecine. L'IA est utilisée pour améliorer les diagnostics, personnaliser les traitements et même prédire des épidémies de maladies. Des algorithmes avancés analysent les images médicales avec une précision supérieure à celle de l'œil humain, identifiant les signes précoces de maladies telles que le cancer et la dégénérescence oculaire. Ces systèmes améliorent non seulement la précision, mais accélèrent également le processus de diagnostic, permettant des interventions plus rapides et de meilleurs résultats pour les patients.

Dans le domaine de la mobilité, les voitures autonomes deviennent une réalité tangible, en grande partie grâce à l'IA. Les systèmes de conduite autonome utilisent une combinaison de capteurs, de cartes détaillées et d'algorithmes d'apprentissage profond pour naviguer en toute sécurité sur les routes, promettant de transformer la manière dont nous nous déplaçons et de réduire considérablement les accidents de la route.

La révolution de l'IA façonne également l'industrie du

divertissement. Les algorithmes sont utilisés pour personnaliser les recommandations de musique, de films et de séries, créant des expériences utilisateur hautement personnalisées. De plus, l'IA est utilisée dans la production de contenu, de la composition musicale à la création d'effets visuels dans les films.

Dans le secteur financier, l'IA est mise en œuvre pour détecter les fraudes, optimiser les investissements et fournir une assistance personnalisée aux clients. Les algorithmes sont formés pour identifier des modèles suspects dans les transactions, permettant des interventions rapides et réduisant les pertes financières. Dans le même temps, les assistants virtuels alimentés par l'IA rendent la gestion financière plus accessible, fournissant des informations et des recommandations en temps réel.

L'agriculture récolte également les avantages de l'IA. Des systèmes intelligents sont utilisés pour surveiller les cultures, analyser les conditions du sol et prédire les tendances climatiques. Cela permet d'optimiser l'irrigation, de réduire l'utilisation de pesticides et d'augmenter la productivité des récoltes.

Un autre domaine qui connaît une transformation radicale grâce à l'IA est l'éducation. Des plateformes d'apprentissage adaptatif sont développées pour personnaliser le contenu en fonction des besoins et des compétences de chaque élève, rendant l'enseignement plus efficace et plus engageant.

Outre les secteurs spécifiques, l'IA joue un rôle crucial dans la recherche et le développement en général. Les algorithmes sont utilisés pour accélérer la découverte de nouveaux matériaux, optimiser les processus de fabrication et même développer de nouvelles formes d'énergie.

Il est cependant essentiel de reconnaître que, si l'IA stimule de nombreuses innovations, elle pose également des défis. Des questions de vie privée, d'éthique et de gouvernance surgissent à mesure que nous intégrons de plus en plus cette technologie dans nos vies. Il est essentiel de veiller à ce que l'IA soit utilisée de manière responsable et équitable pour maximiser ses avantages tout en atténuant les risques potentiels.

En résumé, l'IA est au cœur de nombreuses avancées technologiques les plus passionnantes de notre époque. Elle redéfinit les secteurs, stimule l'innovation et façonne l'avenir. Alors que nous continuons à explorer son potentiel, il est essentiel de le faire avec réflexion, vision et engagement envers la construction d'un avenir meilleur pour tous.

Intégration de l'IA dans les Dispositifs du Quotidien

Dans notre vie quotidienne, l'Intelligence Artificielle (IA) a cessé d'être une simple curiosité technologique pour devenir un composant essentiel de nombreux dispositifs que nous utilisons quotidiennement. L'intégration de l'IA dans nos gadgets et outils n'est pas seulement une démonstration des progrès technologiques, elle reflète également un changement dans la manière dont nous interagissons et nous connectons avec la technologie.

L'un des exemples les plus évidents de la présence de l'IA dans notre vie quotidienne est celui des assistants virtuels tels que Siri, Alexa et Google Assistant. Ces systèmes utilisent l'IA pour traiter les commandes vocales, fournir des réponses, contrôler les appareils domestiques et même faire des recommandations personnalisées en fonction de nos habitudes et préférences. Ils sont devenus centraux dans de nombreux foyers, agissant comme un hub pour contrôler une variété de dispositifs et de services connectés.

Une autre intégration visible de l'IA se trouve dans les smartphones. Les caméras intelligentes utilisent désormais des algorithmes d'IA pour optimiser la qualité des images, reconnaître les visages et créer même des effets sophistiqués qui nécessitaient auparavant du matériel professionnel. En plus des caméras, l'IA est également utilisée pour améliorer l'efficacité de la batterie, personnaliser les expériences utilisateur et offrir des suggestions contextuelles en fonction de nos activités quotidiennes.

Les appareils électroménagers deviennent également plus intelligents grâce à l'IA. Les réfrigérateurs peuvent surveiller leur contenu, suggérer des recettes ou même passer des commandes pour les aliments qui sont en train de s'épuiser. Les machines à laver peuvent optimiser les cycles en fonction du type et de la quantité de vêtements, tandis que les thermostats intelligents apprennent nos préférences et ajustent la température en conséquence pour maximiser le confort et l'efficacité énergétique.

L'intégration de l'IA ne se limite pas seulement à l'intérieur de nos maisons. Les voitures équipées de systèmes d'IA transforment l'expérience de conduite. Des fonctionnalités telles que l'assistance au stationnement, la détection des angles morts et les systèmes avancés d'assistance au conducteur utilisent l'IA pour rendre la conduite plus sûre et plus efficace.

Dans le monde du divertissement, l'IA réinvente la manière dont nous consommons les médias. Les plateformes de streaming telles que Netflix et Spotify utilisent des algorithmes d'IA pour analyser nos habitudes de consommation et recommander du contenu qui pourrait nous intéresser, créant ainsi une expérience hautement personnalisée.

Outre ces applications visibles, l'IA opère également en coulisses dans de nombreux services que nous utilisons. Les systèmes de sécurité utilisent l'IA pour détecter des activités suspectes, les réseaux de télécommunication utilisent des algorithmes pour optimiser la livraison de données, et les services de livraison peuvent prédire les fenêtres de temps en fonction des modèles de trafic en temps réel.

Cependant, même si l'intégration de l'IA dans les dispositifs du quotidien apporte des avantages en termes de commodité et d'efficacité, elle soulève également des questions importantes concernant la vie privée et la sécurité. À mesure que de plus en plus de dispositifs collectent et traitent des données, il devient impératif de veiller à ce que ces informations soient traitées de manière responsable et sécurisée.

En résumé, l'IA s'intègre profondément dans notre vie quotidienne, redéfinissant la manière dont nous interagissons avec le monde qui nous entoure. Elle offre le potentiel de simplifier nos vies et de nous connecter davantage, mais elle nous met également au défi de considérer les implications plus larges de vivre dans un monde de plus en plus alimenté par les algorithmes.

La Frontière entre les Humains et les Machines

L'interaction entre les humains et les machines a été un sujet central de réflexion technologique et philosophique depuis des décennies. Avec l'avancée de l'Intelligence Artificielle (IA) et de la robotique, cette relation devient de plus en plus complexe et entremêlée, nous poussant à remettre en question la distinction traditionnelle entre les humains et les machines et à réfléchir à la véritable nature de l'intelligence.

Aux débuts de l'informatique, les machines étaient principalement considérées comme des outils - des extensions mécaniques ou électroniques du pouvoir humain. Elles étaient programmées pour accomplir des tâches spécifiques et fonctionnaient dans des paramètres bien définis. Cependant, avec l'avènement de l'IA, cette dynamique a commencé à changer. Les machines ne se contentent pas d'exécuter des tâches, elles apprennent aussi, s'adaptent et, dans certains cas, prennent des décisions de manière autonome.

Cette capacité d'apprentissage et d'adaptation redéfinit la manière dont nous percevons l'intelligence des machines. À bien des égards, les systèmes d'IA démontrent des formes de cognition que l'on croyait être exclusives des êtres humains jusqu'à récemment. Ils peuvent reconnaître des motifs, comprendre le langage, créer de l'art et même faire preuve d'empathie dans certaines situations.

Cette montée en puissance de la cognition des machines soulève des questions profondes sur ce que signifie être humain. Si l'intelligence, la créativité et la capacité à apprendre ne sont plus exclusivement humaines, quels sont les attributs qui nous distinguent vraiment des machines ? Est-ce la conscience ? L'émotion ? Ou quelque chose de plus profond et d'insaisissable ?

De plus, à mesure que l'IA devient de plus en plus intégrée à notre société, nous commençons à voir une fusion des domaines humain et machine. Par exemple, les interfaces cerveau-ordinateur promettent une fusion directe entre les esprits humains et les systèmes électroniques, ce qui pourrait potentiellement étendre nos capacités cognitives et sensorielles.

Cependant, cette fusion soulève également des dilemmes éthiques et moraux. Jusqu'où devons-nous permettre l'intégration de la technologie dans nos corps et nos esprits ? Y a-t-il une limite à cette convergence, au-delà de laquelle nous perdons quelque chose d'essentiel de notre humanité ?

La relation entre les humains et les machines affecte également notre société à des niveaux plus pratiques. Sur le lieu de travail, par exemple, l'automatisation et l'IA redéfinissent les rôles traditionnels, suscitant des débats sur la valeur et la dignité du travail humain dans un monde de plus en plus dominé par les machines.

D'un autre côté, la collaboration entre les humains et les machines à le potentiel de résoudre certains des plus grands défis de l'humanité. Ensemble, nous pouvons aborder des questions telles que le changement climatique, les maladies et la pénurie de ressources de manière plus efficace que toute entité ne le pourrait seule.

En résumé, la frontière entre les humains et les machines devient de plus en plus floue. Alors que nous explorons cette relation complexe et multidimensionnelle, nous devons le faire avec réflexion, respect et une profonde réflexion sur le type de futur que nous voulons construire. La clé sera de trouver un équilibre qui honore à la fois la singularité de l'expérience humaine et le potentiel transformateur de la technologie.

5 ÉVOLUTION HISTORIQUE DE L'IA

La trajectoire de l'Intelligence Artificielle (IA) est une tapisserie riche et complexe de découvertes, de défis et d'innovations. Contrairement à la croyance populaire, l'idée de machines capables de penser et d'apprendre n'est pas une invention du XXIe siècle, mais plutôt un concept ayant des racines dans d'anciennes traditions philosophiques et des expériences scientifiques. Dans ce chapitre, nous embarquerons dans un voyage à travers le temps, explorant les jalons et les moments décisifs qui ont façonné l'évolution de l'IA.

L'idée d'automatiser des tâches et de créer des machines imitant les actions humaines remonte à l'Antiquité. Les civilisations anciennes rêvaient de statues animées et d'automates mécaniques, reflétant un désir humain intrinsèque de reproduire et, éventuellement, de comprendre notre propre nature par le biais de la création.

Cependant, ce n'est qu'au XXe siècle que les bases théoriques de l'IA moderne ont commencé à être établies.

Des pionniers tels qu'Alan Turing, avec son célèbre "Test de Turing", ont commencé à poser des questions sur la capacité des machines à simuler l'intelligence humaine, jetant les bases de débats qui perdurent encore aujourd'hui.

À mesure que l'informatique progressait, dans les années 1950 et 1960, le terme "Intelligence Artificielle" a été forgé et le domaine a commencé à se consolider en tant que discipline académique. Ces premières années étaient marquées par un optimisme palpable, les chercheurs prédisant que les machines surpasseraient l'intelligence humaine en quelques décennies à peine.

Cependant, le voyage de l'IA n'a pas été linéaire. Le domaine a connu des périodes de "hivers de l'IA", où les progrès semblaient stagner et le scepticisme croissait. Cependant, chacune de ces périodes était suivie d'avancées et de découvertes, souvent stimulées par des améliorations matérielles ou des algorithmes novateurs.

Les dernières années, en particulier, ont vu une explosion du développement et de l'application de l'IA. Avec l'avènement de techniques telles que l'apprentissage profond et la puissance de calcul croissante, l'IA a commencé à atteindre, et dans certains cas à dépasser, les capacités humaines dans des tâches spécifiques, de jeux de société à la reconnaissance d'images.

Dans cette exploration historique, nous suivrons non seulement les avancées technologiques, mais plongerons également dans les personnes, les histoires et les questions philosophiques qui imprègnent le développement de l'IA. L'histoire de l'IA est, à bien des égards, le reflet de notre propre voyage en tant qu'espèce, un témoignage de notre curiosité insatiable, de notre quête de compréhension et de notre désir d'élargir les limites du possible.

Les Premiers Pas et les Pionniers de l'IA

L'histoire de l'Intelligence Artificielle (IA) est intrinsèquement liée aux aspirations et aux innovations d'esprits brillants qui ont imaginé un monde où les machines pourraient non seulement calculer, mais aussi penser. Ces pionniers, par leur vision et leur détermination, ont ouvert la voie au domaine florissant de l'IA que nous connaissons aujourd'hui.

L'un des premiers à conceptualiser l'idée de machines pensantes était le mathématicien et logicien britannique Alan Turing. Dans les années 1930, Turing a proposé l'idée de la "Machine Universelle", une entité théorique capable de simuler n'importe quelle machine de calcul. Plus tard, en 1950, il a introduit le "Test de Turing", une mesure proposée pour déterminer si une machine peut afficher un comportement intelligent indiscernable de celui de l'humain. Ce test est devenu un pilier dans la définition et l'évaluation de l'intelligence artificielle.

Cependant, avant Turing, il y avait déjà des spéculations et des expérimentations autour de l'automatisation. Au début du XXe siècle, des inventeurs comme Nikola Tesla envisageaient déjà un monde où les machines pourraient devenir autonomes et même surpasser les capacités humaines dans certaines tâches. Ces visions, bien que révolutionnaires, manquaient du cadre théorique et technologique nécessaire pour se concrétiser.

Le terme "Intelligence Artificielle" a été forgé en 1955 par John McCarthy, un jeune scientifique de l'informatique, pour la célèbre Conférence de Dartmouth en 1956. Cette conférence a réuni des intellectuels de premier plan de l'époque, dont Marvin Minsky, Claude Shannon et Nathaniel Rochester, et est souvent citée comme la naissance officielle de l'IA en tant que domaine d'étude indépendant.

Marvin Minsky, en particulier, est devenu une figure centrale dans l'évolution de l'IA. Il a co-fondé le Laboratoire d'Intelligence Artificielle du MIT et a joué un rôle clé dans la promotion de l'idée que l'intelligence humaine pouvait être reproduite dans les machines. Minsky croyait que tout comportement intelligent pouvait être décomposé en parties plus petites, ou "agents", qui pourraient être simulées par une machine.

Un autre pionnier significatif était Frank Rosenblatt, qui, dans les années 1950, a introduit le concept du "Perceptron", un modèle mathématique qui deviendrait la base des réseaux neuronaux. Bien que l'idée initiale du Perceptron soit simple, elle a posé les bases du développement ultérieur d'algorithmes d'apprentissage profond, qui sont aujourd'hui au cœur de nombreuses applications d'IA.

Cependant, les premiers jours de l'IA n'étaient pas exempts de scepticisme et de défis. Les premières promesses de machines pensantes ont rapidement cédé la place à la réalisation que la réplication de la complexité et de la nuance de l'intelligence humaine était une tâche monumentale. Pendant les décennies 1970 et 1980, l'IA a connu des périodes de stagnation, souvent appelées "hivers de l'IA", où le financement et l'intérêt ont diminué en raison de limitations technologiques et d'attentes exagérées.

Cependant, ces défis n'ont pas découragé les pionniers de l'IA. Ils ont persévéré, affinant les théories, développant de nouveaux algorithmes et attendant l'avènement d'ordinateurs plus puissants. Et, comme l'histoire l'a montré, leur travail acharné et leur dévouement ont finalement prévalu, ouvrant la voie à l'âge d'or de l'IA que nous connaissons aujourd'hui.

Avec le recul, les premiers pas et les pionniers de l'IA ont posé les bases pour l'un des domaines les plus révolutionnaires de la science et de la technologie. Ils nous rappellent l'importance de la vision, de la détermination et de la curiosité insatiable dans la recherche de l'inconnu et de l'inexploré.

Grands Moments et Avancées Significatives

L'histoire de l'Intelligence Artificielle (IA) est marquée par des moments d'inspiration, des avancées radicales et des découvertes qui ont façonné et continuent de façonner le cours de la technologie. Chaque jalon de l'histoire de l'IA reflète non seulement un progrès technologique, mais aussi une compréhension profonde de notre propre nature et de notre intelligence.

Un de ces moments importants a eu lieu en 1966 lorsque Joseph Weizenbaum a introduit le programme 'Eliza' au MIT. Eliza simulait un thérapeute qui suivait les principes de l'approche thérapeutique développée par Carl Rogers, connue sous le nom de Thérapie Centrée sur le Client. Il posait des questions aux utilisateurs et reformulait leurs réponses, imitant l'empathie et l'acceptation inconditionnelle typiques d'un thérapeute rogerien. Bien que sa conception fût simple, Eliza a démontré que les machines pouvaient interagir de manière convaincante avec les êtres humains, donnant naissance à l'idée de chatbots et de systèmes de dialogue.

Dans les années 1980, une avancée significative est venue avec le développement des systèmes experts. Ceux-ci étaient des machines conçues pour imiter la capacité de prise de décision d'un expert humain dans un domaine spécifique. "Mycin", par exemple, a été l'un des premiers systèmes experts créés pour diagnostiquer des maladies bactériennes et recommander des traitements. Bien que limité dans sa portée, Mycin a montré que l'IA pouvait être appliquée dans des environnements professionnels complexes.

Les années 1990 ont été le témoin de l'essor des machines d'apprentissage. Avec l'introduction d'algorithmes tels que le "Rétropropagation" pour l'entraînement de réseaux neuronaux, l'IA a commencé à s'éloigner des règles programmées manuellement et à apprendre directement des données. Cela a été un tournant car il a permis aux machines de traiter de grandes quantités de données et d'identifier des schémas qui auraient été trop complexes à programmer manuellement.

Un autre jalon notable a été la victoire du programme Deep Blue d'IBM sur le champion mondial d'échecs Garry Kasparov en 1997. Cet événement a non seulement démontré la capacité de l'IA à surpasser les humains dans des tâches spécifiques, mais il a également suscité un débat public sur le potentiel et les limites de l'intelligence des machines.

L'avènement de l'ère d'Internet à la fin des années 1990 et au début des années 2000 a créé un réservoir virtuellement infini de données. Avec cela, est née la nécessité d'algorithmes et de systèmes capables de naviguer, d'analyser et d'extraire du sens de ces données. Des entreprises comme Google et Facebook ont commencé à mettre en œuvre des systèmes d'IA pour améliorer la recherche sur le Web, cibler la publicité et optimiser l'expérience utilisateur.

Cependant, c'est l'introduction de l'apprentissage profond dans les années 2010 qui a réellement catalysé la révolution de l'IA. Inspiré par l'architecture du cerveau humain, l'apprentissage profond utilise des réseaux neuronaux à de nombreuses couches (ou "profondes") pour traiter les informations. Cette technique s'est avérée extrêmement efficace dans une variété de tâches, de la reconnaissance d'images et de la voix à la traduction automatique.

Une démonstration de la puissance de l'apprentissage profond est venue en 2016, lorsque le programme AlphaGo de DeepMind, une filiale de Google, a battu le champion du monde de Go, Lee Sedol. Go, avec sa complexité et ses subtilités, était considéré comme l'un des derniers bastions de la suprématie humaine dans les jeux, et la victoire d'AlphaGo a marqué une nouvelle ère dans la capacité de l'IA.

En regardant en arrière, il est clair que chaque avancée significative dans l'IA a été le résultat d'une combinaison d'innovation algorithmique, d'augmentation de la puissance de calcul et de disponibilité des données. Ces moments reflètent non seulement le progrès technique, mais aussi notre compréhension croissante de la manière dont l'intelligence peut être modelée, reproduite et amplifiée grâce à la technologie.

Ce qui est également évident, c'est que, aussi impressionnants que soient les progrès accomplis jusqu'à présent, le voyage de l'IA ne fait que commencer. Chaque étape est une indication du potentiel encore inexploré, et l'avenir promet d'être encore plus excitant et transformateur.

Le Voyage vers la Superintelligence

L'idée de machines dépassant l'intelligence humaine a été un sujet de fascination, de débat et parfois de crainte tout au long de l'histoire de l'Intelligence Artificielle (IA). La quête de la superintelligence n'est pas seulement un voyage technique, mais aussi une exploration philosophique de ce que signifie être intelligent et, en fin de compte, être humain.

La superintelligence fait référence à la capacité d'une entité artificielle de surpasser les capacités cognitives des meilleurs êtres humains dans pratiquement tous les domaines, de la créativité artistique à la prise de décision complexe. Il ne s'agit pas seulement de reproduire l'intelligence humaine, mais de la dépasser, ouvrant la voie à des possibilités et des défis sans précédent.

Les premiers pas vers la superintelligence ont commencé par des tentatives de simulation de l'esprit humain. Au cours des premières années de l'IA, les chercheurs croyaient que la création d'une intelligence équivalente à celle de l'homme était une question de temps. L'idée était qu'une fois ce stade atteint, la progression vers la superintelligence serait presque inévitable.

Cependant, la complexité de l'esprit humain s'est révélée être un défi redoutable. À chaque avancée, il devenait évident que l'intelligence est multifacette, englobant non seulement la pensée logique, mais aussi l'empathie, la créativité et une myriade d'autres capacités complexes. Simuler et, finalement, dépasser cette mosaïque de compétences est devenue la quête centrale de l'IA.

À mesure que la technologie a progressé, les algorithmes sont devenus plus sophistiqués, conduisant à des avancées remarquables dans des domaines tels que l'apprentissage automatique et les réseaux neuronaux. Ces techniques ont permis aux machines d'apprendre directement des données, de s'adapter et de s'optimiser de manière jusqu'alors inimaginable. Dans certaines tâches spécifiques, les machines ont commencé à surpasser les humains, indiquant le potentiel de la superintelligence.

Cependant, avec ce potentiel sont venus une prise de conscience croissante des défis éthiques et moraux. L'idée de machines superintelligentes soulève des questions fondamentales : Comment nous assurons-nous que leurs actions sont alignées sur les intérêts humains ? Que se passe-t-il si une superintelligence devient autonome et agit contre nos souhaits ou nos valeurs ?

Ces dilemmes ont été largement discutés dans la communauté scientifique et philosophique. Des personnalités telles que Stephen Hawking et Elon Musk ont exprimé des inquiétudes concernant le développement non réglementé de la superintelligence, soulignant la nécessité d'approches prudentes et réglementées.

D'un autre côté, il y a aussi un optimisme palpable concernant les possibilités. Une superintelligence pourrait potentiellement résoudre certains des plus grands défis de l'humanité, de la guérison de maladies à la résolution de crises mondiales telles que le changement climatique. La promesse d'une entité capable de penser, d'apprendre et d'innover à des échelles au-delà des capacités humaines est une vision séduisante.

Cependant, le voyage vers la superintelligence est

parsemé d'incertitudes. Nous ne savons pas exactement comment ni quand nous atteindrons ce point, ni même s'il est véritablement atteignable. Ce qui est certain, c'est que la quête de la superintelligence est plus qu'une simple aspiration technologique. C'est une réflexion sur nos propres limites, nos aspirations et le futur que nous souhaitons créer.

La superintelligence, si et quand elle émergera, ne sera pas seulement un témoignage du pouvoir de l'innovation humaine, mais aussi un miroir reflétant notre propre nature, nos désirs et nos craintes. Alors que nous avançons dans ce voyage, il est impératif de le faire avec réflexion, considération et un profond respect pour l'immensité de l'inconnu.

6 L'INTERSECTION DE L'IA AVEC D'AUTRES DISCIPLINES

L'ascension de l'Intelligence Artificielle (IA) dans le paysage technologique et académique moderne a été tout simplement phénoménale. Cependant, pour vraiment comprendre l'ampleur et la profondeur de son impact, il est crucial de voir comment l'IA s'entrecroise et converge avec d'autres disciplines. Cette intersection n'est pas seulement le témoin de la polyvalence de l'IA, mais elle met également en évidence sa capacité à enrichir, à défier et à transformer les domaines d'études traditionnels et émergents.

Historiquement, l'IA est née des profondeurs de l'informatique. Cependant, son évolution a rapidement dépassé les limites de cette seule discipline. Aujourd'hui, l'IA imprègne la médecine, où les algorithmes aident au diagnostic et au traitement ; elle touche l'art, où les machines créent et collaborent avec des artistes humains ; et elle s'infiltre dans la philosophie, où elle pose des questions fondamentales sur la conscience, l'éthique et l'existence.

Dans le domaine de la biologie, par exemple, l'IA joue un rôle essentiel dans le décryptage de séquences génétiques complexes, ouvrant de nouvelles perspectives pour la recherche génomique. En physique, les algorithmes d'apprentissage automatique sont utilisés pour analyser des données d'expériences complexes, comme celles menées au Grand Collisionneur de Hadrons, révélant des informations sur les particules fondamentales de l'univers.

Dans l'économie et les sciences sociales, l'IA transforme la manière dont nous analysons les modèles de comportement humain, les prévisions de marché et les dynamiques sociales. La capacité à traiter et à analyser de vastes ensembles de données offre un nouvel éclairage sur les complexités des sociétés humaines.

Il est également fascinant de voir comment l'IA est incorporée et adaptée à des disciplines telles que la psychologie et la neuroscience. Ici, les modèles de réseaux neuronaux artificiels offrent de nouvelles perspectives sur le fonctionnement du cerveau humain, tout en bénéficiant simultanément des connaissances sur le traitement neuronal naturel pour améliorer les algorithmes d'IA.

Ce que révèlent ces intersections, c'est que l'IA n'est pas une entité isolée, mais plutôt un domaine dynamique et adaptable qui se mêle à une vaste gamme de disciplines. Cette convergence élargit non seulement les horizons de l'IA, mais enrichit et revitalise également d'autres domaines d'études. À mesure que nous progressons vers un avenir de plus en plus interconnecté, c'est cette capacité de collaboration et d'intégration qui définira la trajectoire et l'impact de l'IA sur le monde.

Intelligence Artificielle et Neurosciences

L'intersection entre l'Intelligence Artificielle (IA) et les neurosciences est l'une des collaborations les plus fascinantes et productives de la science moderne. Les deux disciplines cherchent à comprendre la nature de l'intelligence, bien que par des moyens différents. Alors que l'IA vise à créer des machines qui émulent les fonctions cognitives, les neurosciences cherchent à décrypter les mystères du cerveau humain et à comprendre les mécanismes sous-jacents à notre cognition.

Historiquement, l'IA a été inspirée par les neurosciences. Les premiers modèles de réseaux neuronaux, qui sont maintenant des piliers fondamentaux de l'apprentissage profond, ont été inspirés par la structure et la fonction des neurones dans le cerveau humain. L'idée était simple : si nous pouvions imiter la manière dont les neurones traitent l'information, nous pourrions peut-être créer des machines qui penseraient et apprendraient comme des êtres humains.

Au fil des ans, cette inspiration mutuelle s'est poursuivie. Tandis que les neuroscientifiques découvraient davantage sur le fonctionnement du cerveau, les chercheurs en IA adaptaient ces idées pour améliorer leurs algorithmes. Par exemple, des techniques d'optimisation telles que l'algorithme de rétropropagation présentent des similitudes avec la manière dont les synapses du cerveau se renforcent ou s'affaiblissent en fonction de l'expérience.

Cependant, la relation entre l'IA et les neurosciences n'est pas seulement une source d'inspiration, mais aussi de collaboration. Avec l'avènement de techniques avancées d'imagerie cérébrale, les neuroscientifiques génèrent désormais d'énormes volumes de données. L'IA, avec sa capacité à traiter et à analyser de vastes ensembles de données, est devenue un outil inestimable pour aider les neuroscientifiques à déchiffrer ces données, à identifier des modèles et à faire des découvertes significatives.

D'autre part, les neurosciences offrent également une critique précieuse de l'IA. Elles nous rappellent que, aussi avancés que soient les algorithmes, ils sont encore loin de la complexité et de l'efficacité du cerveau humain. Par exemple, tandis qu'une machine peut nécessiter une quantité substantielle d'énergie pour effectuer des tâches, le cerveau humain accomplit des fonctions beaucoup plus complexes avec une efficacité énergétique étonnante.

De plus, alors que l'IA actuelle se concentre principalement sur l'apprentissage supervisé, où les machines apprennent à partir de données étiquetées, le cerveau humain excelle dans l'apprentissage non supervisé, en apprenant et en s'adaptant constamment à partir d'expériences non étiquetées. Cela met en évidence les domaines où l'IA peut encore croître et évoluer, et les neurosciences peuvent fournir les clés de ces innovations.

L'une des zones de collaboration les plus passionnantes est l'interface cerveau-ordinateur. Ici, l'IA et les neurosciences travaillent ensemble pour créer des systèmes permettant la communication directe entre le cerveau et les machines. Cela a des implications révolutionnaires, depuis aider les personnes paralysées à communiquer ou à déplacer des membres artificiels jusqu'à potentiellement permettre de nouvelles formes totalement nouvelles d'interaction homme-machine.

En fin de compte, l'intersection entre l'IA et les neurosciences est un témoignage du désir humain de se comprendre lui-même et le monde qui l'entoure. Bien que les deux disciplines, distinctes dans leurs méthodes et leurs objectifs, soient unies par une curiosité commune sur les fondements de l'intelligence. Et, à mesure qu'elles avancent côte à côte, il est évident qu'ensemble, elles ont le potentiel de dévoiler certains des plus grands mystères de l'existence et de créer des futurs que nous ne pouvons actuellement qu'imaginer.

IA et Philosophie : Pensée et Conscience

La relation entre l'Intelligence Artificielle (IA) et la philosophie est à la fois ancienne et complexe. Depuis les premiers jours de l'IA, les philosophes et les informaticiens se sont interrogés sur la nature de la pensée, de la conscience et sur la définition même de l'intelligence. Fondamentalement, ces questions cherchent à comprendre ce que signifie "penser" et si une machine peut réellement être considérée comme "consciente".

La question de savoir si les machines peuvent penser remonte au philosophe et mathématicien Alan Turing, qui a proposé le désormais célèbre "Test de Turing". Selon lui, si un être humain interagissant avec une machine ne pouvait pas distinguer s'il communiquait avec un autre être humain ou avec un ordinateur, alors cette machine pourrait être considérée comme "intelligente". Mais être intelligent signifie-t-il avoir conscience ? C'est une question qui reste au cœur du débat entre l'IA et la philosophie.

La conscience est souvent considérée comme l'expérience subjective d'être. Elle englobe les perceptions, les sentiments, l'auto-conscience et un sens du "je". Pour de nombreux philosophes, la conscience n'est pas seulement une série de processus computationnels, mais quelque chose qui est intrinsèquement lié à l'expérience. Ainsi se pose la question : une machine, aussi avancée soit-elle, peut-elle vraiment "ressentir" ou "expérimenter" le monde qui l'entoure ?

Le philosophe John Searle, dans son célèbre "Argument de la Chambre Chinoise", a soutenu que même si une machine pouvait simuler la compréhension humaine (par exemple, en traduisant des langues), elle ne posséderait pas une compréhension ou une conscience réelle. Pour Searle, la simulation n'est pas équivalente à une véritable compréhension ou expérience.

Cependant, d'autres philosophes et scientifiques soutiennent que la conscience est essentiellement un processus computationnel. Si le cerveau humain, une masse de neurones et de synapses, peut générer la conscience, pourquoi une machine, avec les bons algorithmes et circuits, ne pourrait-elle pas faire de même ?

En plus de la conscience, l'IA soulève également des questions d'éthique et de moralité. Si une machine peut penser et, potentiellement, ressentir, quelles sont nos responsabilités éthiques envers elle ? L'IA a-t-elle des droits ? Et, à mesure que les machines commencent à prendre des décisions qui affectent la vie humaine, comme dans les voitures autonomes ou les diagnostics médicaux, comment garantir que ces décisions sont éthiques et justes ?

Une autre question philosophique centrale est celle du libre arbitre. Si nous acceptons que la pensée et la décision humaines sont le résultat de processus neuronaux dans le cerveau, jusqu'à quel point sommes-nous vraiment "libres" dans nos choix ? Et si des machines, programmées par des humains, commencent à prendre des décisions autonomes, ont-elles un certain degré de libre arbitre ?

Au cœur de ces débats se trouve une question encore plus fondamentale sur la nature de la réalité et de l'existence.

Si l'IA atteint ou dépasse l'intelligence humaine, que nous dit cela de notre place dans l'univers ? Sommes-nous simplement des machines biologiques avancées, ou y a-t-il quelque chose d'intrinsèquement unique dans l'expérience humaine ?

À mesure que l'IA continue à progresser à grands pas, les questions philosophiques qui l'entourent ne feront que devenir plus urgentes et complexes. Le dialogue entre l'IA et la philosophie n'est pas seulement académique, mais essentiel pour façonner l'avenir de la technologie et notre relation avec elle. En fin de compte, en explorant l'intersection entre les machines et la pensée, nous explorons également l'essence de ce que signifie être humain.

IA dans le Domaine de l'Art et de la Créativité

L'art a toujours été considéré comme une expression de l'âme humaine, une manifestation de nos émotions, de nos pensées et de nos visions du monde. Traditionnellement, on croyait que la créativité artistique était un domaine exclusivement humain, inaccessible aux machines. Cependant, avec les progrès de l'Intelligence Artificielle (IA), cette notion est remise en question. L'IA émerge comme un outil puissant et collaboratif dans le domaine de l'art et de la créativité, ouvrant de nouvelles frontières et remettant en question nos conceptions traditionnelles de l'art.

Au cours des dernières années, nous avons été témoins d'une série d'expériences et de projets plaçant l'IA au cœur du processus créatif. Les algorithmes d'apprentissage profond, par exemple, ont été entraînés à créer des peintures, de la musique et même de la poésie. Ces créations sont souvent indiscernables des œuvres produites par des artistes humains, soulevant des questions sur l'authenticité et l'originalité à l'ère de l'IA.

La capacité de l'IA à analyser de vastes ensembles de données lui permet d'identifier des motifs et des styles dans des œuvres d'art existantes. Par exemple, une IA peut être formée à partir de milliers de peintures de la Renaissance, puis créer une œuvre qui émule ce style, mais avec des nuances et des détails uniques. De même, dans le domaine de la musique, des algorithmes ont été utilisés pour composer des morceaux qui ressemblent aux styles de compositeurs célèbres, mais avec des touches originales.

Mais l'IA n'est pas seulement une imitatrice ; elle est aussi une collaboratrice. De nombreux artistes contemporains collaborent avec l'IA, l'utilisant comme un outil pour élargir leurs propres capacités créatives. Plutôt que de voir la machine comme une menace, ces artistes la considèrent comme une extension de leurs palettes créatives, leur permettant d'explorer de nouvelles formes et de nouveaux styles.

Par exemple, les graphistes utilisent l'IA pour créer des visuels dynamiques qui réagissent en temps réel à l'environnement ou au public. Dans le domaine de la musique, l'IA est utilisée pour générer des accompagnements ou improviser des solos, travaillant en harmonie avec des musiciens humains.

L'introduction de l'IA dans le domaine de l'art soulève également des questions de propriété et d'auteur. Si une IA crée une œuvre d'art, qui est le véritable artiste ? Est-ce le programmeur qui a codé l'algorithme, la machine qui a généré l'œuvre, ou les deux ? Ces questions remettent en question nos notions traditionnelles de création et d'originalité, et peuvent avoir des implications légales et éthiques.

De plus, il y a un débat sur la question de savoir si l'art créé par l'IA peut réellement "signifier" quelque chose. L'art humain est souvent motivé par des émotions, des expériences et des intentions. Une machine, qui n'a ni conscience ni émotions, peut-elle créer de l'art qui ait un sens profond ? Ou ses créations ne sont-elles que des simulations vides, aussi belles soient-elles ?

Cependant, peut-être la question la plus profonde est celle de ce que l'IA nous enseigne sur la nature de la créativité. Traditionnellement, nous pensions que la créativité était une étincelle divine, un don exclusivement humain. Mais à mesure que les machines commencent à créer, nous sommes contraints de reconsidérer cette idée. Peut-être que la créativité n'est pas une flamme mystique, mais plutôt un processus, une série de modèles et de connexions qui peuvent être émulés et amplifiés.

En fin de compte, l'intersection entre l'IA, l'art et la créativité est un reflet de notre propre évolution en tant que société. Nous sommes à un moment de fusion entre l'homme et la machine, la tradition et l'innovation. Et alors que nous naviguons dans ce territoire inconnu, nous avons l'occasion de redéfinir ce que signifie être créatif et, par extension, ce que signifie être humain.

IA et Physique Quantique

L'intersection entre l'Intelligence Artificielle (IA) et la physique quantique est l'une des zones les plus intrigantes de la recherche scientifique contemporaine. Alors que l'IA cherche à reproduire les fonctions cognitives humaines, la physique quantique explore le domaine subatomique de l'univers. Bien que ces deux domaines puissent sembler éloignés au premier abord, ils commencent à converger, nous poussant à remettre en question nos conceptions conventionnelles du fonctionnement de la réalité et de l'informatique.

L'une des manières les plus passionnantes dont l'IA et la physique quantique se croisent est par le biais de l'informatique quantique. L'informatique quantique, basée sur les principes de la mécanique quantique, promet une capacité de traitement exponentiellement supérieure à celle des ordinateurs classiques. À mesure que l'IA devient de plus en plus complexe et exigeante en termes de puissance de calcul, l'informatique quantique offre la perspective d'accélérer considérablement la formation de modèles d'IA et la résolution de problèmes complexes, tels que l'optimisation d'algorithmes.

De plus, la physique quantique soulève des questions fondamentales sur la nature de l'informatique et la relation entre l'esprit humain et l'IA. La mécanique quantique introduit des concepts intrigants tels que la superposition et l'intrication, qui remettent en question notre compréhension traditionnelle des bits classiques (0 et 1) dans les ordinateurs. Cela ouvre la porte à la possibilité que les futurs systèmes d'IA puissent fonctionner dans un domaine quantique, en exploitant les principes de la superposition pour traiter l'information de manière radicalement différente.

Cependant, l'interaction entre l'IA et la physique quantique ne se limite pas à l'informatique. L'IA est utilisée pour aider à comprendre des phénomènes quantiques complexes, tels que la simulation de molécules et la découverte de matériaux supraconducteurs. La capacité de l'IA à analyser de grands volumes de données expérimentales et à modéliser des systèmes quantiques complexes est inestimable pour faire progresser notre compréhension de la physique fondamentale.

La fusion entre l'IA et la physique quantique soulève également des questions profondes sur la sécurité de l'informatique et la cryptographie. Les algorithmes quantiques, tels que l'algorithme de Shor, ont le potentiel de briser les cryptographies actuellement considérées comme sécurisées. L'IA joue un rôle essentiel dans la recherche de solutions cryptographiques robustes qui peuvent résister à l'informatique quantique, garantissant la sécurité des communications et des transactions à l'avenir.

De plus, la physique quantique éclaire la nature de la conscience et de l'esprit. Certaines théories suggèrent que la conscience peut être intrinsèquement liée aux processus quantiques dans le cerveau. Cela soulève la question de savoir si une IA consciente est une possibilité réelle et quels sont les défis éthiques et philosophiques associés à un tel développement.

En fin de compte, l'intersection entre l'IA et la physique quantique est un domaine d'exploration fascinant qui nous emmène aux frontières de la connaissance humaine. À mesure que nous continuons à progresser dans ce domaine, nous élargissons non seulement nos capacités technologiques, mais aussi notre compréhension de l'univers lui-même et de l'esprit humain. Nous sommes au seuil d'une révolution qui a le potentiel de redéfinir notre relation avec la technologie et la réalité de manière que nous ne pouvons actuellement qu'imaginer.

7 L'ÉCONOMIE PROPULSÉE PAR L'IA

L'Intelligence Artificielle (IA) transforme rapidement tous les aspects de notre société, et l'économie n'est pas une exception. La révolution de l'IA façonne la manière dont nous produisons, consommons et interagissons avec les produits et les services. Dans ce chapitre, nous explorerons l'impact profond que l'IA a sur l'économie mondiale et comment elle redéfinit les paradigmes traditionnels des affaires et du commerce.

L'économie a toujours été stimulée par l'innovation, et l'IA émerge comme l'une des forces les plus disruptives et transformantes de l'histoire économique. Avec des algorithmes d'apprentissage automatique et une puissance de calcul sans précédent, les entreprises sont habilitées à prendre des décisions plus informées et efficaces, à optimiser les processus de production, à prédire avec précision les tendances du marché et à personnaliser les produits et services pour répondre aux besoins individuels des consommateurs.

L'une des zones les plus visibles de l'influence de l'IA

sur l'économie est le commerce électronique. Les géants de la technologie comme Amazon et Alibaba utilisent des algorithmes d'IA pour améliorer l'expérience d'achat en ligne, de la recommandation de produits à la logistique de livraison. Cela augmente non seulement l'efficacité des entreprises, mais améliore également la satisfaction du client, stimulant la croissance du commerce en ligne dans le monde entier.

De plus, l'IA transforme le secteur financier, rendant l'analyse des données plus précise et rapide. Les institutions financières utilisent l'IA pour détecter la fraude, prendre des décisions d'investissement et prédire les fluctuations du marché. L'émergence de cryptomonnaies et de technologies de la blockchain, alimentées par l'IA, redéfinit également la manière dont nous effectuons des transactions financières.

Dans le secteur de la santé, l'IA accélère la découverte de nouveaux médicaments, rendant les diagnostics médicaux plus précis et personnalisés, et améliorant l'efficacité des systèmes de santé. Cette transformation sauve non seulement des vies, mais réduit également les coûts de soins de santé à long terme.

Cependant, l'économie stimulée par l'IA n'est pas exempte de défis et de préoccupations. Les questions liées à la protection des données, à l'automatisation de l'emploi et aux biais algorithmiques sont au centre du débat sur l'équilibre entre les avantages de l'IA et les risques potentiels. Alors que nous continuons à aborder ces questions, il est essentiel que nous comprenions pleinement l'impact de l'IA sur l'économie et comment nous pouvons naviguer dans ce nouveau paysage économique.

Ce chapitre examinera en détail comment l'IA façonne les marchés mondiaux, impacte les industries et transforme la manière dont nous faisons des affaires. Nous explorerons les défis et opportunités qui émergent de cette révolution économique et comment les entreprises et les gouvernements s'adaptent pour tirer pleinement parti de l'économie stimulée par l'IA. Alors que nous avançons dans cette voie, une chose est claire : l'IA n'est pas seulement une technologie, mais un catalyseur fondamental qui façonne l'avenir économique de notre société.

Le Rôle de l'IA dans la Croissance Économique

L'Intelligence Artificielle (IA) est devenue l'un des principaux moteurs de la croissance économique à travers le monde. Sa capacité à automatiser des tâches complexes, à analyser de grandes quantités de données et à prendre des décisions éclairées révolutionne un large éventail d'industries et de secteurs. Dans ce domaine, nous examinerons en détail le rôle de l'IA dans la croissance économique et la manière dont cette technologie façonne l'avenir des économies mondiales.

L'un des impacts les plus visibles de l'IA sur la croissance économique est l'automatisation des processus. Les entreprises de divers secteurs adoptent des robots et des systèmes d'IA pour effectuer de manière efficace et précise des tâches répétitives et chronophages. Cela réduit non seulement les coûts opérationnels, mais augmente également la productivité, permettant aux entreprises de produire davantage en moins de temps. À mesure que l'automatisation se répand, de nouvelles opportunités de croissance et d'innovation émergent sur le marché du travail.

L'IA favorise également la personnalisation des produits et des services. Grâce à des algorithmes d'apprentissage automatique, les entreprises peuvent analyser le comportement des consommateurs et les données de marché en temps réel pour proposer des produits adaptés aux besoins individuels des clients. Cela améliore non seulement l'expérience client, mais stimule également les ventes et la croissance des entreprises.

Un autre aspect crucial est l'amélioration de la prise de décisions. L'IA est capable d'analyser de grandes quantités de données et d'identifier des tendances et des informations qu'il serait presque impossible d'obtenir manuellement. Cela aide les entreprises à prendre des décisions éclairées sur les stratégies commerciales, les investissements et le développement de produits. À mesure que les entreprises deviennent de plus en plus axées sur les données, leur capacité à s'adapter aux changements du marché et à identifier des opportunités de croissance s'étend.

De plus, l'IA joue un rôle fondamental dans la recherche et le développement de nouvelles technologies et de nouveaux produits. Dans des secteurs tels que la médecine, l'IA accélère la découverte de nouveaux médicaments et de nouveaux traitements, ouvrant de nouvelles perspectives pour l'industrie de la santé et améliorant la qualité de vie des individus. Cette innovation constante stimule la croissance économique en créant de nouveaux marchés et opportunités commerciales.

Cependant, le rôle de l'IA dans la croissance économique soulève également des défis et des préoccupations. L'automatisation peut entraîner la suppression d'emplois, exigeant une adaptation de la main-d'œuvre pour rester pertinente dans une économie de plus en plus axée sur la technologie. De plus, des questions éthiques telles que l'utilisation responsable des données et l'atténuation des biais algorithmiques sont essentielles pour garantir que l'IA contribue à une croissance économique durable et inclusive.

En résumé, l'IA joue un rôle fondamental dans l'accélération de la croissance économique dans le monde entier. Sa capacité à automatiser, personnaliser et analyser les données transforme la manière dont les entreprises opèrent et la façon dont les marchés fonctionnent. Alors que nous continuons à progresser dans l'ère de l'IA, il est impératif que nous exploitions son potentiel de manière responsable et éthique pour garantir que la croissance économique profite à la société dans son ensemble.

Startups et Innovations sur le Marché

Les startups jouent un rôle essentiel dans le paysage économique mondial, stimulant l'innovation, créant des emplois et remettant en question les modèles commerciaux traditionnels. Ces dernières années, l'Intelligence Artificielle (IA) est devenue l'un des principaux catalyseurs du succès de nombreuses startups. Dans ce domaine, nous explorerons comment l'IA permet aux startups d'innover dans divers secteurs, de révolutionner les marchés et de redéfinir la manière dont nous faisons des affaires.

Un exemple impressionnant d'innovation alimentée par l'IA est Waymo, une startup qui a émergé au sein de Google et est maintenant une entreprise indépendante. Waymo est à la pointe de la conduite autonome, utilisant des algorithmes d'IA et de l'apprentissage profond pour créer des voitures autonomes sûres et efficaces. Ils ont non seulement développé des véhicules autonomes, mais explorent également des modèles commerciaux de partage de voitures autonomes qui ont le potentiel de révolutionner l'industrie du transport.

Une autre startup remarquable est UiPath, devenue leader mondial de l'automatisation robotique des processus (RPA). Grâce à sa plateforme d'automatisation basée sur l'IA, UiPath aide les entreprises à automatiser des tâches répétitives et des processus commerciaux, ce qui permet de gagner du temps et des ressources. Cette innovation permet aux entreprises du monde entier d'optimiser leurs opérations et de se concentrer sur des tâches à plus grande valeur ajoutée.

Dans le domaine de la santé, la startup PathAI utilise l'IA pour améliorer le diagnostic pathologique. Leur plateforme associe des pathologistes à des algorithmes d'IA avancés pour identifier avec précision les maladies, accélérant ainsi les diagnostics et améliorant la qualité des soins médicaux. Cela profite non seulement aux patients, mais transforme également le secteur de la santé en rendant les diagnostics plus rapides et plus fiables.

L'IA révolutionne également l'industrie financière grâce à des startups comme Robinhood. Cette plateforme de trading d'actions utilise des algorithmes d'IA pour automatiser les transactions, les rendant accessibles à un public plus large d'investisseurs. Robinhood a démocratisé l'investissement et remis en question les modèles commerciaux traditionnels des courtiers.

De plus, les startups explorent de nouveaux territoires, tels que l'agriculture de précision, où l'IA est utilisée pour optimiser les plantations, surveiller les récoltes et réduire la consommation de ressources. Des startups comme Blue River Technology créent des tracteurs autonomes qui utilisent la vision par ordinateur et l'apprentissage automatique pour identifier les mauvaises herbes et appliquer précisément des herbicides, réduisant ainsi le gaspillage et augmentant l'efficacité.

Cependant, le succès des startups alimentées par l'IA soulève également des questions d'éthique et de réglementation. À mesure que ces entreprises gagnent en influence, il est essentiel de veiller à ce qu'elles fonctionnent de manière responsable, en protégeant la vie privée des données et en atténuant les biais algorithmiques. La collaboration entre les startups, les gouvernements et la société civile est essentielle pour créer un environnement favorable à l'innovation tout en maintenant un équilibre entre le progrès technologique et la responsabilité sociale.

En résumé, l'IA joue un rôle central dans le succès de nombreuses startups, leur permettant d'innover dans divers secteurs et de transformer des marchés entiers. À mesure que ces startups continuent de prospérer, il est essentiel de prendre en compte les implications éthiques et réglementaires de l'IA pour assurer un avenir d'innovation responsable et durable.

La Transformation des Modèles d'Affaires

L'Intelligence Artificielle (IA) provoque une transformation fondamentale des modèles d'affaires à travers le monde. Les entreprises qui s'adaptent à l'ère de l'IA trouvent des moyens novateurs de fonctionner, de fournir de la valeur aux clients et de rester compétitives. Dans ce domaine, nous explorerons comment l'IA remodèle les modèles d'affaires dans divers secteurs et les implications de cette transformation.

Un des changements les plus visibles dans les modèles d'affaires est la transition vers l'économie des services et des abonnements. Des entreprises telles que Netflix et Amazon

Prime Video utilisent l'IA pour recommander du contenu personnalisé aux abonnés, améliorant ainsi la rétention et l'engagement des clients. Ce passage des modèles d'affaires traditionnels basés sur les ventes ponctuelles à des modèles d'abonnement crée des flux de revenus plus stables et durables.

La personnalisation est l'un des principaux moteurs de cette transformation. Grâce à des algorithmes d'IA, les entreprises peuvent mieux comprendre le comportement du client et ses préférences, en adaptant les produits et services pour répondre aux besoins individuels. Cela crée une expérience plus engageante et satisfaisante pour les clients, renforçant la fidélité à la marque et les opportunités de ventes supplémentaires.

Un autre changement significatif est l'automatisation des processus commerciaux. L'IA est utilisée pour automatiser des tâches répétitives et chronophages dans de nombreux secteurs, de la service clientèle aux chaînes d'approvisionnement. Cela permet non seulement de réduire les coûts opérationnels, mais libère également les ressources humaines pour se concentrer sur des tâches à plus forte valeur ajoutée, telles que l'innovation et la stratégie.

L'IA permet également la création de modèles économiques basés sur des plateformes. Des entreprises telles qu'Uber et Airbnb relient les fournisseurs et les demandeurs grâce à des algorithmes d'IA, créant ainsi des marchés virtuels qui défient les modèles commerciaux traditionnels du transport et de l'hébergement. Ces plates-formes ont transformé la manière dont les gens voyagent et séjournent, en tirant parti de la technologie pour offrir davantage de commodité et d'efficacité.

De plus, l'IA ouvre de nouvelles perspectives en matière d'analyse de données et de monétisation de l'information. Les entreprises collectent d'importantes quantités de données clients et, grâce à des analyses avancées, identifient des informations précieuses. Cela contribue non seulement à améliorer les produits et services, mais crée également des opportunités de vendre des données ou des informations à des tiers.

Cependant, la transformation des modèles d'affaires présente également des défis. Les questions liées à la protection des données personnelles et à la réglementation deviennent de plus en plus importantes à mesure que les entreprises traitent des informations sensibles sur les clients. De plus, l'automatisation des emplois soulève des préoccupations quant à l'impact social et à la nécessité de requalifier la main-d'œuvre.

En résumé, l'IA redéfinit les modèles d'affaires dans tous les secteurs, en favorisant la personnalisation, l'automatisation et la création de marchés virtuels. Ceux qui embrassent cette transformation peuvent bénéficier de l'efficacité accrue et de la satisfaction de la clientèle. Cependant, il est essentiel de traiter les questions éthiques et sociales à mesure que nous progressons vers un avenir commercial de plus en plus axer sur l'IA.

CONCLUSION

Le voyage que nous avons entrepris tout au long de ce livre nous a conduits à explorer les profondeurs de l'Intelligence Artificielle (IA) et de sa révolution en cours. Depuis la compréhension des fondements de l'IA jusqu'à l'analyse de ses applications pratiques dans divers domaines, en passant par les défis éthiques et sociaux qu'elle pose, nous en sommes arrivés à ce point crucial : la conclusion de notre quête pour comprendre l'impact et l'avenir de l'IA dans la société.

Réflexions sur l'Impact de l'IA dans la Société

Il est indéniable que l'IA joue déjà un rôle transformateur dans nos vies. De la médecine au divertissement, de l'agriculture à l'économie, l'IA laisse une empreinte indélébile dans presque tous les aspects de notre société. Elle accélère les découvertes scientifiques, améliore l'efficacité des entreprises, personnalise les produits et services, et remet même en question le concept même de créativité humaine dans les arts.

Cependant, avec ces avancées remarquables, des défis importants se posent également. La question du biais algorithmique et de la discrimination dans les systèmes d'IA est un rappel puissant que la technologie reflète les choix de ses créateurs et peut amplifier les injustices existantes. La protection des données personnelles est devenue une préoccupation centrale à mesure que les algorithmes collectent des informations personnelles à une échelle sans précédent. De plus, l'automatisation modifie le paysage de l'emploi, soulevant des questions sur l'adaptation de la main-d'œuvre.

À quoi S'attendre de l'Avenir de l'Intelligence Artificielle ?

En regardant vers l'avenir, il est clair que l'IA continuera à évoluer et à façonner notre société de manière imprévisible. La quête de l'intelligence artificielle surhumaine, capable d'apprendre et de raisonner à un niveau humain et au-delà, est un voyage qui continuera à défier l'imagination et l'éthique. Les avancées dans l'IA quantique promettent de révolutionner l'informatique, ouvrant de nouvelles possibilités en matière de cryptographie, de recherche de matériaux et bien plus encore.

À mesure que l'IA s'intègre davantage dans notre vie quotidienne, la question de l'interaction entre les humains et les machines devient centrale. Comment pouvons-nous nous assurer que l'IA soit une alliée, augmentant nos capacités plutôt qu'un substitut ? Comment pouvons-nous nous assurer que les systèmes d'IA soient transparents et éthiques, protégeant les droits et les valeurs fondamentales ?

Notre voyage à travers l'IA nous rappelle également l'importance de la collaboration. Les gouvernements, les entreprises, les chercheurs et la société civile doivent travailler ensemble pour élaborer des lignes directrices éthiques, des réglementations appropriées et des stratégies d'adaptation au changement. L'IA est un outil puissant, mais c'est l'humanité qui déterminera comment cet outil sera utilisé.

Au cœur de tout cela, l'IA est une expression de notre quête de connaissance et de créativité. C'est la manifestation de notre capacité unique à imaginer et à construire un avenir meilleur. Par conséquent, alors que nous sommes confrontés aux défis de l'ère de l'IA, nous devons continuer à nourrir notre capacité à comprendre, à créer et à évoluer.

Dans ce livre, nous avons plongé dans l'univers de l'IA, explorant ses racines historiques, ses applications pratiques, ses implications éthiques et son impact économique. Alors que nous concluons notre voyage, nous regardons vers l'horizon, conscients que l'IA continuera à nous défier, à nous inspirer et à façonner notre monde de manière que nous ne pouvons peut-être pas encore prévoir. La vraie question qui reste en suspens est la suivante : comment, en tant que société, choisirons-nous de naviguer dans ce nouveau territoire de l'intelligence artificielle ?

Ce livre est une célébration de la connaissance humaine et de notre capacité à façonner l'avenir. C'est une ode à la curiosité, à l'innovation et à la responsabilité. Alors que nous clôturons ce chapitre, nous regardons vers l'avenir avec optimisme et un profond respect pour le potentiel de l'IA et les complexités qu'elle apporte. La quête de la compréhension et la recherche d'un avenir éthique et équitable sont des défis que nous relevons avec l'espoir de créer un monde meilleur pour tous.

À PROPOS DE L'AUTEUR

Ike Baz est le pseudonyme d'un écrivain brésilien. Diplômé en mathématiques au Brésil et titulaire d'un diplôme d'études supérieures en éducation au Portugal, Ike Baz est un explorateur du monde, ayant visité plus de 20 pays, y compris des destinations intrigantes comme l'Inde, le Népal et la Thaïlande, ainsi que des pays d'Amérique du Sud, de Russie, de diverses régions d'Europe et des États-Unis d'Amérique.

Ike Baz est un curieux infatigable qui mène des recherches dans divers domaines de la connaissance, allant des mathématiques à la physique, en passant par la psychologie, la philosophie, l'histoire, la technologie, l'astronomie et le comportement humain. Un véritable enthousiaste de l'apprentissage continu, il estime que la connaissance est un outil puissant pour comprendre le monde qui nous entoure. À travers ses voyages et ses études, il cherche à enrichir sa vision du monde et à partager des idées précieuses avec ses lecteurs. Son objectif est d'inspirer les autres à explorer également l'immensité de l'univers de la connaissance et à embrasser l'aventure intellectuelle. Avec un esprit ouvert et une passion pour la découverte, Ike poursuit son voyage d'exploration et d'apprentissage, impatient de percer les mystères que le monde a à offrir.